HIT

数学·统计学系列

# N体问题的周期解

# Periodic Solutions of the N-Body Problem


[美] 肯尼斯·R·梅耶 著

杨亚非 译


大家书系


HITP

哈爾濱工業大學出版社

HARBIN INSTITUTE OF TECHNOLOGY PRESS

## 内容提要

三体问题是指用牛顿力学研究三个物体（天体）以万有引力相互作用时的运动轨道.本文共分十二章：第一章为绪论，第二章为天体学方程，第三章哈密顿系统，第四章为中心构形，第五章为对称、积分和约化，第六章为周期解理论，第七章为卫星轨道，第八章为限制性问题，第九章为月球轨道，第十章为彗星轨道，第十一章为希尔月球方程，第十二章为椭圆问题.

**图书在版编目（CIP）数据**

N体问题的周期解/（美）梅耶著；杨亚非译.—哈尔滨：哈尔滨工业大学出版社，2011.3

ISBN 978-7-5603-3209-3

Ⅰ.①N… Ⅱ.①梅… ②杨… Ⅲ.①天体力学-多体问题 Ⅳ.①P132

中国版本图书馆CIP数据核字（2011）第036331号

Translation from the English language edition:

Periodic Solutions of the N-Body Problem

by Kenneth R. Meyer



版权登记号　黑版贸审字　08-2011-023号

策划编辑　刘培杰　甄淼淼

责任编辑　翟新烨　杨冰皓

封面设计　孙茵艾

出版发行　哈尔滨工业大学出版社

社　　址　哈尔滨市南岗区复华四道街10号　邮编150006

传　　真　0451-86414749

网　　址　http://hitpress.hit.edu.cn

印　　刷　哈尔滨市石桥印务有限公司

开　　本　787mm×1092mm　1/16　印张8.75　字数162千字

版　　次　2011年3月第1版　2011年3月第1次印刷

书　　号　ISBN 978-7-5603-3209-3

定　　价　28.00元

---

# 前言

这些文稿是源自于我在巴西累西腓伯南布哥联邦大学的讲稿。由于这是 $N$ 体问题周期解大范围中的少数课程，为给出相当完整的介绍我尽力限定少的文献量，使这些文稿包含更多的细节。

从一般观点看，$N$ 体问题是高度退化问题，它在欧几里得运动对称群下是不变量，并容许线动量，角动量和能量积分，这就意味着试图应用隐函数直接产生雅可比矩阵，对于平面问题退化阶数为 8，对于空间问题退化阶数为 12（乘子+1的重度在平面问题中为 8，在空间问题中为 12）。因此，必须面对积分和对称性，它给出约化空间的定义，众所周知在约化空间中积分和对称性将被消去。在约化空间上希望有一个无强制额外对称性的非奇异雅可比矩阵。

前六章研究哈密顿系统理论、辛变换及坐标、周期解及其乘子、辛标度、约化空间等。其余六章包含确定 $N$ 体问题的约化空间上周期解的存在性的定理。

$N$ 体问题是带有大对称群和许多一次积分的哈密顿系统的典型。本讲稿是这样哈密顿系统周期解理论的引论。

感谢 Hildeberto Cabral 在我访问巴西墨西腓伯南布哥联邦大学期间的热情好客。本书的终稿是我在（西班牙）加泰罗尼亚理工大学数学研究中心作毕尔巴鄂银行基金访问学者时完成的。感谢(西班牙)巴塞罗那自治大学 Jaume Llibre 和他的同事的热忱帮助。

许多人在手稿成稿的不同阶段读过其若干部分,并寄给我意见和校正建议。感谢 Martha Alvarez、Hildeberto Cabral、Anne Feldman、Karl Meyer 和 Gareth Roberts 的帮助。特别感谢 N. V. Fitton 对我的修正稿的修正。

我确信文稿中会有些错误,但希望是小错误。请将所有无论大还是小的错误都通报给 Department of Mathematics, University of Cincinnati, Cincinnati, Ohio 45221-0025, USA 或 Ken meyer@ uc. edu。

我的研究由国家科学基金和 Charles Phelps Taft 基金提供支持。

辛辛那提大学,1999 年 8 月　肯尼斯·R·梅耶

⊙ 目录

# 第一章 绪论

## 1.1 历史

$N$ 体问题是一个用于描述在牛顿运动定律下运动着的 $N$ 个点质量或质点运动的常微分方程组，这里的作用力只有相互的万有引力. 对于 $N=2$ 问题是可解的，因为它可以简化为开普勒问题，它是描述一个质点在固定于原点的第二个质点的万有引力作用下运动的常微分方程. 开普勒问题的解是圆锥曲线——圆、椭圆、抛物线和双曲线.

牛顿的运动定律与引力定律公式是划时代最伟大的科学成就之一. 利用这些简单定理，他可以完全解决推导描述火星运动的开普勒定律的二体问题. 对于首次近似，火星轨道是只考虑太阳和火星的万有引力的二体问题的解，这一问题可以简化为开普勒问题. 利用扰动分析，他能够估计某些更高阶影响量，因此可以解释火星轨道中的某些不规则情况.

接下来牛顿转到描述月球轨道的问题. 这一问题较难，因为首次近似是一个地球、月球和太阳的三体问题. 他所遇到的问题使他注意到，天文学家约翰·梅钦(John Machin)“……他从未遇到研究月球，如此使他头痛的问题.”[1]

1 [37]

目前月球轨道可通过数值积分或渐近级数展开的方式获得 —— 见[29].

普遍相信 $N>3$ 的 $N$ 体问题不能像二体问题相同意义上求解. 事实上存在明显的证据,广义 $N$ 体问题不能求解. 但是在牛顿时代有几千篇 $N$ 体问题的文章. 这些文章包括特解、渐近估计、碰撞的资料、积分的存在性和不存在性、级数解、非碰撞奇异性等.

特别是从庞加莱著作发表后,$N$ 体问题周期解的存在性、稳定性和分支成为许多文章的主题. 庞加莱在他的著作《天体力学新方法》[66] 中特别论述了周期解问题. 他讲述了三体问题的周期解.

事实上,运动的初始条件完全符合周期解的可能性为零. 但是,可能的情况只存在微小差别,而这恰恰是传统方法无法应用的情况. 我们可以把周期解作为初始近似,就像使用 M. Gyldén 语言时的中间轨道.

更进一步,虽然我不能严格证明,但看起来非常可能成立的事实,即给定方程,其形式由式 13 定义和一任意特解,我们总可以找出一个周期解(其周期可以非常长),从而使两个解的差别在任意长的时间内任意小. 此外,这些周期解的重要性在于它们是我们可以尝试达到通常认为不可能地方的唯一突破口. [2]

这一猜想常被 Birkhoff 引用,用于证明他在固定点定理和相关主题的工作 —— 例如见[12,13]. 周期轨道是密集的这一庞加莱猜想只是由 Pugh 和 Robinson[68] 建立用于致密流形上的 $C^1$ 类哈密顿系统及在某种意义上由 Gómez 和 Llibre[28] 建立用于限制性三体问题.

有许多关于 $N$ 体问题周期解的存在性及特性特别是限制性三体问题的文献. 有许多用于研究三体问题和一般哈密顿系统周期解存在性的不同方法. 例如:平均法 —— 见 Moser[55],拉格朗日流形交会理论 —— 见 Weinstein[90],正则公式 —— 见 Schmidt[74],数据方法 —— 见 Ángel 和 Simó[2],强函数 —— 见 Liapunov[43] 和 Siegel[80],特殊固定点定理 —— 见 Birkhoff[13],符号动力学 —— 见 Saari 和 Xia[71],变分法 —— 见 Robinovich[69] 及其他方法. 这是一个大主题的一个小例子. 本书涉及我所发表文献的一小部分.

不使用离散对称性,我将确定完整 $N$ 体问题周期解的存在性并讨论其线性稳定性. 早期的有关周期解的存在性的大部分文献均用到离散对称性,因此只在中心对称构型中应用,通常不提供任何稳定性信息. 同样,大部分文献只是确定三体问题或限制性三体问题中周期解的存在性. 通过使用辛标度和辛退化定理,我会将庞加莱延拓法推广到新的应用中.

庞加莱延拓法是一种简单的扰动方法. 它需要一个参量 $\varepsilon$,它可以是一个

---

2　[66,p81]

物理量,如一个质量,或是一个标度参量,量度两个物体间距离. 如果解在一个时间周期 $T$ 之后回到起始位置,那么解是周期的. 此周期在一组可解的有限组方程中得出. 庞加莱延拓法使用有限维隐函数定理解这些方程. 当 $\varepsilon = 0$,求得一个解,计算必需的非奇异雅可比矩阵. 应用隐函数定理,得出结论:当 $\varepsilon \neq 0$ 但为小量时解一直是存在的. 这一方法将在第六章中介绍,在第七 ~ 十二章中应用.

辛标度是在保证问题的哈密顿特性的前提下将小参量 $\varepsilon$ 引入到问题中的方法. 此技术是引入小参量使得当 $\varepsilon = 0$ 时问题有周期解,且必备的雅可比矩阵非奇异. 它产生一个有趣的定理. 看来只是在标度保持辛结构时才产生有趣的结果. 辛标度将在第三章中介绍,在第七 ~ 十二章中应用.

$N$ 体问题的初始公式,对于平面问题是 $R^{4n} \setminus \Delta$ 中方程组,对于空间问题是 $R^{6n} \setminus \Delta$ 中的方程组,这里 $\Delta$ 是碰撞集. 但是通常研究这一问题的正确步骤是在约化空间:对于平面问题为一个 $(4N - 6)$ 维辛流形,对于空间问题为一个 $(6N - 10)$ 维辛流形. 只有在约化空间上才有希望研究周期解的存在性和稳定性.

从牛顿时代起就已知,$N$ 体问题在欧几里得运动(旋转后的平移)下是不变量,且容许线动量和角动量的积分. 它们既是祸又是福. 祸是因为它们使庞加莱延拓法的雅可比矩阵成为高阶奇异,福是因为它们可用于使问题的维数降低. 正确使用对称性和积分,问题就可简化为仍为哈密顿函数的更低维问题. 这种方法称为 Meyer - Marsden - Weinstein 约化;它是我的文章[50]、Marsden 和 Weinstein 的文章[44] 的主要结果. 在本章所讨论的问题中,在辛标度和约化后所需要的雅可比矩阵是非奇异的. 这又是一种技巧,因为当考虑所有的对称性和积分时,许多表面上相似的问题仍可以约化. 辛约化将在第五章中详细讨论,在第七 ~ 十二章中应用.

许多章都以问题清单结尾. 有些是常规的,有些不是. 我建议至少看一下问题,因为通常包括总结和相关结果. 有时,问题以参考文献结尾,在此情况下读者应该认识到在某一时间点上这一问题的解被认为是一个可发表的结果.

## 1.2　全局注释和局部注释

天体力学中有句老话:没有变量集非常好. 本书主题富含不同变量集,其中许多都有各个时期最伟大数学家的名字. 这里没有足够的字母表来给每个变量赋以单独的符号,因此我将使用编程语言的概念 —— 全局的和局部的. 某些符号自始至终代表相同的量,是全局变量;某些符号在不同的节中代表不同量,是局部变量. 在每种情况中,都将在上下文中指出变量代表什么.

在整个注释中会用到固定参考坐标系和旋转参考坐标系，旋转坐标系要多于固定坐标系. 因此，涉及固定坐标系的量通常是黑体字，但是在旋转坐标系中的相同量将是正常体. 在整个注释中使用哈密顿体系，用不同变量书写不同哈密顿函数. 我将一直使用通用符 $H$,$\mathbf{H}$ 用于哈密顿函数，像是说“用 …… 变量表示的 …… 问题的哈密顿时是 ……”.

全局变量的清单：

- $\mathbf{q},\mathbf{p}$ 是固定直角坐标系中的位置矢量和动量矢量；
- $q,p$ 是旋转直角坐标系中的位置矢量和动是矢量；
- $\mathbf{x},\mathbf{y}$ 是固定雅可比坐标系中的位置矢量和动量矢量；
- $x,y$ 是旋转雅可比坐标系中的位置矢量和动量矢量；
- $\mathbf{H}$ 是固定坐标系中的当前哈密顿函数；
- $H$ 是旋转坐标系中的当前哈密顿函数；
- $\mathbf{O}$ 是固定坐标系中的当前角动量矢量；
- $O$ 是旋转坐标系中的当前角动量矢量；
- $\mathbf{U}$ 是固定坐标系中的当前(自)势；
- $U$ 是旋转坐标系中的当前(自)势；
- $\varepsilon$ 是当前扰动参数；
- $m_i$是第 $i$ 个粒子的质量.

以上许多全局变量都将以下标表示.

变量 $u,v,\xi,\zeta,\alpha,\beta$ 等都是全局变量，它们的含义将在下文给出.

$\mathbf{R}$ 表示实数域，$\mathbf{C}$ 表示复数域，$\mathbf{F}$ 表示 $\mathbf{R}$ 或 $\mathbf{C}$. $\mathbf{F}^n$ 表示所有 $n$ 维列向量空间，并且除非另有说明，所有向量都是列向量. 但是由于排版原因在本书中所有向量均写为行向量. $\mathscr{L}(\mathbf{F}^n,\mathbf{F}^m)$ 表示从 $\mathbf{F}^n$ 到 $\mathbf{F}^m$ 的所有行变换的集合，有时也等同于所有 $m\times n$ 矩阵的集合.

如果 $A$ 是一个矩阵，那么 $A^{\mathrm{T}}$ 表示它的转置矩阵，$A^{-1}$ 表示它的逆矩阵，$A^{-\mathrm{T}}$ 表示它的逆转置矩阵，前提是这些矩阵均存在. 如果矩阵 $A$ 的形式为

$$A=\begin{bmatrix} A_{11} & O_{12} & O_{13} & \cdots & O_{1k} \\ O_{21} & A_{22} & O_{23} & \cdots & O_{2k} \\ O_{31} & O_{32} & A_{33} & \cdots & O_{3k} \\ \vdots & \vdots & \vdots & \vdots & \vdots \\ O_{k1} & O_{k2} & O_{k3} & \cdots & A_{kk} \end{bmatrix}$$

那么矩阵$A$为分块对角矩阵，这里$A_{ii}$是方阵，$O_{ij}$是矩形零矩阵. 记$A=\mathrm{diag}(A_{11},A_{22},\cdots,A_{kk})$

除非另有说明，函数均为实平滑函数，这里平滑意味着 $C^{\infty}$ 或实解析. 如果 $f(u)$ 是一个从 $\mathbf{R}^n$ 中开集 $\mathscr{O}$到 $\mathbf{R}^m$ 的一个平滑函数，那么 $\partial f/\partial u$ 代表 $m\times n$ 雅可

比矩阵.

$$\frac{\partial f}{\partial u}=\begin{bmatrix}\frac{\partial f_1}{\partial u_1} & \cdots & \frac{\partial f_1}{\partial u_n}\\ \vdots & \vdots & \vdots\\ \frac{\partial f_m}{\partial u_1} & \cdots & \frac{\partial f_m}{\partial u_n}\end{bmatrix}$$

如果$f:\mathbf{R}^n\to\mathbf{R}^1$,那么 $\partial f/\partial u$ 为一个行向量;令 $\nabla f$ 或 $\nabla_n f$ 或 $f_u$ 表示列各量$(\partial f/\partial u)^{\mathrm{T}}$.(即使讨论流形上的函数时,假设非黎曼度量,那么 $\nabla f$ 不是关于某些黎曼矩阵的梯度矢量.)当$f$的导数被认为是从$\mathscr{O}$到$\mathscr{L}(\mathbf{R}^n,\mathbf{R}^m)$的一个映射,从 $\mathbf{R}^n$ 到 $\mathbf{R}^m$ 的线性算子空间,其导数将由 $Df$ 表示. 变量 $t$ 表示时间这一实标量变量,并且使用圆点代表变量对时间的第一、二阶导数,即 $\cdot=\mathrm{d}/\mathrm{d}t$ 和 $\cdot\cdot=\mathrm{d}^2/\mathrm{d}t^2$.

## 1.3 各章小结

第二 ~ 六章给出了哈密顿体系、$N$ 体问题、辛流形、周期解等的背景资料. 有专业基础的读者可以很快浏览这些章节. 这些章用到了常微分方程的基本理论知识,即存在性、单值性、线性理论等. 有时通过参考文献给出了证明.

第七 ~ 十二章中的每章都包含构建 $N$ 体问题的一类周期解存在性定理. 后面的章依据先前的章,但它们彼此独立;每章都有自己的特色,在形式上是相似的. 因此读者可以选择某一章去阅读. 第七章和第八章是最简单的,因此推荐先阅读.

以下是各章小结.

第二章　这章介绍作为哈密顿方程组的 $N$ 体问题. 推导能量、线动量和角动量的经典积分. 给出某些特殊情况,即开普勒问题(中心力问题),限制性三体问题,希尔月球方程和椭圆限制性三体问题. 以哈密顿系统为例给出所有系统.

第三章　介绍几个例子,给出哈密顿系统的某些基本理论——至少与天体力学和周期解有关的. 保持问题哈密顿性质的变量变换被称作辛变换. 给出变量辛变换的定义及以后用到的辛变量的主要例子.

第四章　中心构型是产生 $N$ 体问题特殊解的 $N$ 个质点的一种构型. 由中心构型产生的一种特解中,所有质点匀速绕质心旋转并保持相对位置不变. 这样的解被称作相对平衡态. 例如,匀速旋转并保持在等边三角形的三个顶点上的三个质点的三体问题存在周期解. 本章介绍中心构型并给出中心构型的特殊坐标系.

第五章　由于质点被假设为点质量,牛顿的万有引力定律也假设空间是均匀且各向同性,所以 $N$ 体问题具有许多对称性. 通常正确使用对称性可以使问题的分析得以简化. 本章介绍 $N$ 体问题的主要对称性,即其在欧几里得运动下的不变性. 所讨论的基本结果是辛约化定理,它是说当所有经典积分保持不变,所有剩余的对称性被移除时,所得到的系统仍为哈密顿系统. 在约化空间上,扰动分析产生周期解.

第六章　本章研究用于具有若干退化度系统的庞加莱延拓法. 主要例子是 $N$ 体问题.

第七章　利用上几章研究的方法证明庞加莱第一类周期轨道的存在性. 确定了两个被假设为小质量被称作卫星的两个质点在绕一个大质量质点被称作主质点的天体的近似圆轨道上运动的问题的周期解. 介绍了约化空间周期解的最简单例子.

第八章　证明在适当非谐振假设下,限制性问题的非退化周期解可以延拓到完整的 $(N+1)$ 体问题. 由带有小参量的并正确标度后的 $(N+1)$ 体问题的哈密顿函数可以很容易得出这一结果. 介绍了辛标度的最简单的例子,它说明限制性问题实际上是带有小参量的完整问题的首次近似.

第九章　本章证明 $(N+1)$ 体问题在约化空间上存在周期解. 在此问题中 $N-1$ 个质点和其他两个质点的质心大致在相对平衡解上运动,其他两个质点大致在绕其质心的二体问题的小的圆轨道上运动.

第十章　本章的主要结果是平面 $(N+1)$ 体问题在约化空间上的周期解族的存在性,在此问题中一个被称作彗星的质点距离其他 $N$ 个被称作主天体的质点相当远. 彗星大致在绕主天体系的质心的开普勒圆形轨道上运动,主天体大致在相对平衡解上运动. 所有问题的大多数简化将在本章讨论.

第十一章　利用哈密顿函数的辛标度法给出月球理论主要问题的精确推导. 在一组假设下,推导了 Delaunay 所使用的主要问题. 在另一组假设下,推导了如 Hill 给出的主要问题. 这些推导关于三体问题极限特性的精确渐近描述,因此可用于给出首次近似解和完整解的偏差的精确估计. 使用这一标度证明周期不是 $2\pi$ 倍数的希尔月球方程的任意非退化周期解都可以延拓到约化空间上的完整三体问题.

第十二章　本章涉及经典天体力学的平面 $N$ 体问题及其与椭圆型限制性问题的关系. 与以前的系统不同,此系统是周期的. 我们给出椭圆型限制性问题的不同推导,它给出开普勒问题每种类型解的限制性问题. 又证明了,周期不是 $2\pi$ 倍数的椭圆型限制性问题的任意非退化周期解可以延拓到约化空间上的完整三体问题.

# 1.4 进一步阅读

本书设想基本微分方程的某些知识,例如可以在 Sánchez[72] 或 Arrowsmith 和 Place[9] 的介绍性文本中找到. 它们是些可读性强的对微分方程几何理论的简短介绍,可给出足够的背景知识. 进一步的文献是[31,32]. 再进一步的参考文献将在需要时给出.

Pollard[67] 给出二体问题解的清晰完整的描述、哈密顿方程的介绍和限制性问题的主要处理方法. 这本薄书是研究哈密顿系统和天体力学的理想起点. 更基本的,更经典的介绍可在 Danby[22] 或 Moulton[88] 中找到.

在更高水平的困难时有:Mayer 和 Hall[51],与本书相同水平;Abrabam 和 Marsden[1],辛几何的更一丝不苟的研究,在其后两章节中删去了大部分细节,Arnold[7],是一本介绍许多主题的直观的书,只是有时缺少证明;Siegel 和 Moser[81],是一本带有完整证明的清晰的书. 其他一些书,要读一下 Siegel 和 Moser 的.

关于 $N$ 体问题周期解的经典是 Moulton[58].

# 天体力学方程

# 第二章

本章介绍 $N$ 体问题的哈密顿公式及能量的经典积分、线动量与角动量. 给出几种特殊事例:开普勒问题(也称有心力问题)、限制性三体问题、希尔月球问题和椭圆型限制性三体问题.

## 2.1 $N$ 体问题的方程

考虑在牛顿参考系 $\mathbf{R}^3$ 中运动的 $N$ 个点质量,其上作用的只是它们之间相互的万有引力. 假设第 $i$ 个质点有位置矢量 $\mathbf{q}_i$,并且质量 $m_i > 0$,那么利用牛顿第二定律和引力定律,第 $i$ 个质点的运动方程为

$$m_i \ddot{\mathbf{q}}_i = \sum_{j=1}^{N} \frac{G m_i m_j (\mathbf{q}_j - \mathbf{q}_i)}{\| \mathbf{q}_i - \mathbf{q}_j \|^3} = \frac{\partial \mathbf{U}}{\partial \mathbf{q}_i} \tag{2.1}$$

式中

$$\mathbf{U} = \sum_{1 \leqslant i < j \leqslant N} \frac{G m_i m_j}{\| \mathbf{q}_i - \mathbf{q}_j \|} \tag{2.2}$$

上式中,$G$ 是万有引力常数,此后我们取为 1. $\mathbf{U}$ 是自势或势的负数. 自变量为时间 $t$,圆点表示对 $t$ 求导,因此 $\cdot = \mathrm{d}/\mathrm{d}t$ 或 $\cdot\cdot = \mathrm{d}^2/\mathrm{d}t^2$. 这里及本书中,不被零除,因此,$i = j$ 项可从总和中略去. 常微分方程组(2.1) 代表 $N$ 体问题($N$ 体问题的牛顿公式).

尽管认为爱因斯坦相对论方程可用于校正描述引力问题的方程,但这一经典 $N$ 体问题给出了我们的太阳系和其他许多天文系的十分精确的描述. 月球登陆和火星探测器都遵循这些方程的轨迹.

假设 $\mathbf{q} = (\mathbf{q}_1, \mathbf{q}_2, \cdots, \mathbf{q}_N) \in \mathbf{R}^{3N}$. 方程(2.1) 的矢量形式为

$$\mathbf{M}\ddot{\mathbf{q}} - \nabla \mathbf{U}(q) = 0$$

式中 $\mathbf{M} = \mathrm{diag}(m_1, m_1, m_1, \cdots, m_N, m_N, m_N)$;$N$ 体问题的哈密顿公式是通过引入(线) 动量矢量得到的. 定义 $\mathbf{p} = (\mathbf{p}_1, \cdots, \mathbf{p}_N) \in \mathbf{R}^{3N}$. 由 $\mathbf{p} = \mathbf{M}\dot{\mathbf{q}}$,那么 $\mathbf{p}_i = \mathbf{m}_i\dot{\mathbf{q}}_i$ 是第 $i$ 个质点的动量. 运动方程变为

$$\dot{\mathbf{q}} = \mathbf{H}_{\mathbf{p}} = \mathbf{M}^{-1}\mathbf{p}, \dot{\mathbf{p}} = -\mathbf{H}_{\mathbf{q}} = \mathbf{U}_{\mathbf{q}} \tag{2.3}$$

或,写成分量形式

$$\dot{\mathbf{q}}_i = \frac{\partial \mathbf{H}}{\partial \mathbf{p}_i} = \mathbf{p}_i / m_i$$

$$\dot{\mathbf{p}}_i = -\frac{\partial \mathbf{H}}{\partial \mathbf{q}_i} = \frac{\partial \mathbf{U}}{\partial \mathbf{q}_i} = \sum_{j=1}^{N} \frac{m_i m_j (\mathbf{q}_j - \mathbf{q}_i)}{\| \mathbf{q}_i - \mathbf{q}_j \|^3} \tag{2.4}$$

式中哈密顿函数为

$$\mathbf{H} = \frac{1}{2}\mathbf{p}^{\mathrm{T}}\mathbf{M}^{-1}\mathbf{p} - \mathbf{U} = \sum_{i=1}^{N} \frac{\| \mathbf{p}_i \|^2}{2m_i} - \mathbf{U} \tag{2.5}$$

$\mathbf{H}$ 是质点系的总能量. 它是方程组的积分(也就是,运动常数 —— 见 5.2 节),这是由于

$$\frac{\mathrm{d}\mathbf{H}}{\mathrm{d}t} = \frac{\partial \mathbf{H}}{\partial \mathbf{q}}\dot{\mathbf{q}} + \frac{\partial \mathbf{H}}{\partial \mathbf{p}}\dot{\mathbf{p}} = \frac{\partial \mathbf{H}}{\partial \mathbf{q}}\frac{\partial \mathbf{H}}{\partial \mathbf{p}} + \frac{\partial \mathbf{H}}{\partial \mathbf{p}}\left(-\frac{\partial \mathbf{H}}{\partial \mathbf{q}}\right) = 0$$

矢量 $\mathbf{q}$ 和 $\mathbf{p}$ 被称作共轭变量.

$N$ 体问题以牛顿公式表示是 $3N$ 个二阶方程的方程组,以哈密顿公式表示是 $6N$ 个一阶方程的方程组. 系统的完整的一组积分包含 $6N - 1$ 个与时间无关的积分和一个与时间有关的积分. 对所有 $N$ 来说只知道 10 个积分. 假设

$$\mathbf{C} = m_1\mathbf{q}_1 + \cdots + m_N\mathbf{q}_N$$

是系统的质心,并且

$$\mathbf{L} = \mathbf{p}_1 + \cdots + \mathbf{p}_N$$

是系统的(总的) 线动量. 由(2.3) 可得

$$\dot{\mathbf{C}} = \mathbf{L}, \dot{\mathbf{L}} = 0, \ddot{\mathbf{C}} = 0 \tag{2.6}$$

因此,$\mathbf{C} = \mathbf{L}_0 t + \mathbf{C}_0, \mathbf{L} = \mathbf{L}_0$. $\mathbf{L}_0$ 和 $\mathbf{C}_0$ 是初始条件和运动常数的矢量函数. 因此,它们组成 6 个运动积分.

假设 $\mathbf{O} = \sum_{1}^{N} \mathbf{q}_i \times \mathbf{p}_i$ 是(总的)角动量. 由于

$$\frac{\mathrm{d}\mathbf{O}}{\mathrm{d}t} = \sum_{i=1}^{N} (\dot{\mathbf{q}}_i \times \mathbf{p}_i + \mathbf{q}_i + \dot{\mathbf{p}}_i) =$$

$$\sum_{i=1}^{N} (\mathbf{p}_i/\mathbf{m}_i) \times \mathbf{p}_i + \sum_{i=1}^{N} \sum_{j=1}^{N} \mathbf{q}_i \times \frac{m_i m_j (\mathbf{q}_j - \mathbf{q}_i)}{\| \mathbf{q}_i - \mathbf{q}_j \|^3} =$$

$$0$$

**O** 是积分矢量. 因此存在三个角动量积分. 能量、质心、线动量和角动量是 $N$ 体问题的 10 个经典积分. 为了克服它们在扰动分析中造成的某些难题,将在第五章中详细研究这些积分.

## 2.2 开普勒问题

二体问题的特例是假设一个质量为 $M$ 的天体固定在原点上,例如像太阳这样一个大而重的天体在第一次近似时认为是不动的. 在这种情况中,另一个质量为 $m$ 的天体的牛顿运动方程的形式为

$$m\ddot{\mathbf{q}} = -\frac{GMm\mathbf{q}}{\| \mathbf{q} \|^3}$$

或

$$\ddot{\mathbf{q}} = -\frac{\mu \mathbf{q}}{\| \mathbf{q} \|^3} = \nabla \mathbf{U}(q)$$

式中 $\mathbf{q} \in \mathbf{R}^3$ 是另一天体在固定坐标系中的位置矢量,$\mu$ 是常值 $GM$($G$ 是万有引力常数),**U** 是自势(势能的负数)

$$\mathbf{U} = \frac{\mu}{\| \mathbf{q} \|}$$

如果定义动量 $\mathbf{p} = \dot{\mathbf{q}} \in \mathbf{R}^3$,那么牛顿方程可以写成哈密顿形式

$$\dot{\mathbf{q}} = \mathbf{H}_p = \mathbf{p}$$

$$\dot{\mathbf{p}} = -\mathbf{H}_q = -\frac{\mu \mathbf{q}}{\| \mathbf{q} \|^3}$$

式中

$$\mathbf{H} = \frac{\| \mathbf{p} \|^2}{2} - \frac{\mu}{\| \mathbf{q} \|}$$

**H** 被称作开普勒问题的哈密顿函数. 牛顿公式是一个由 3 个二阶标量方程组成的方程组,而哈密顿方程是 6 个一阶标量方程.

**H** 是一个运动积分,也就是解中的常值,因为

$$\frac{\mathrm{d}\mathbf{H}}{\mathrm{d}t}=\frac{\partial \mathbf{H}}{\partial \mathbf{q}}\dot{\mathbf{q}}+\frac{\partial \mathbf{H}}{\partial \mathbf{p}}\dot{\mathbf{p}}=\frac{\partial \mathbf{H}}{\partial \mathbf{q}}\frac{\partial \mathbf{H}}{\partial \mathbf{p}}-\frac{\partial \mathbf{H}}{\partial \mathbf{p}}\frac{\partial \mathbf{H}}{\partial \mathbf{q}}=0$$

定义 $\mathbf{O}=\mathbf{q}\times\mathbf{p}$,为角动量. 由于

$$\dot{\mathbf{O}}=\dot{\mathbf{q}}\times\mathbf{p}+\mathbf{q}\times\dot{\mathbf{p}}=\mathbf{p}\times\mathbf{p}+\mathbf{q}\times(-\mu\mathbf{q}/\|\mathbf{q}\|^{3})=0$$

角动量 $\mathbf{O}$ 是解中的常值,因此 $\mathbf{O}$ 的三个分量均是积分. 如果 $\mathbf{O}=0$,那么

$$\frac{\mathrm{d}}{\mathrm{d}t}\left(\frac{\mathbf{q}}{\|\mathbf{q}\|}\right)=\frac{(\mathbf{q}+\dot{\mathbf{q}})\times\mathbf{q}}{\|\mathbf{q}\|^{3}}=\frac{\mathbf{O}\times\mathbf{q}}{\|\mathbf{q}\|^{3}}=0$$

在上式第一个量中使用矢量恒等式$(\mathbf{q}\cdot\mathbf{q})\dot{\mathbf{q}}-\mathbf{q}\cdot\dot{\mathbf{q}}=(\mathbf{q}\times\dot{\mathbf{q}})\times\mathbf{q}$. 那么如果角动量是零,运动就是共线的. 假设运动线是坐标轴之一,就可以使问题成为单自由度问题,可以用积分法求解. 在这种情况中,积分是基本的,也是一种获得简单解公式的方法.

如果 $\mathbf{O}\neq 0$,那么 $\mathbf{q}$ 和 $\mathbf{p}=\dot{\mathbf{q}}$ 两者均垂直于 $\mathbf{O}$,那么在过原点正交于 $\mathbf{O}$ 的平面 —— 不变平面内产生运动. 在这种情况中,将一个坐标轴沿 $\mathbf{O}$ 指向,那么运动就在坐标平面上. 在这一坐标平面上的运动方程具有与上述相同的形式,只是现在 $\mathbf{q},\mathbf{p}\in\mathbf{R}^2$. 在平面问题中只有垂直于平面的角动量分量是非平凡的,因此这一问题可以约化为带有一个积分的二自由度问题. 这样问题"依靠积分"可解. 结果此问题在初等函数条件下可解(很好解,差不多可解). 我们将在后面的节中解决这一问题.

## 2.3 限制性问题

在天体力学中存在许多限制性问题. "限制性" 这一词通常意味着一个或多个质点质量为零. 但是这里的"限制性" 指的是本节中给出的限制性三体问题.

限制性问题是三体问题中一个质量趋近于零的极限情况. 这一问题的详细推导将在第八章中介绍. 在限制性三体问题的传统推导中,要求考虑在两个有限质点的引力作用下的运动着的一个无限小质点的运动,这两个有限质点是在圆轨道上以相同的速度彼此环绕旋转. 完整的推导将在第八章中给出,但现在我们简单给出哈密顿函数. 假设被称作主质点的两个有限质点质量为 $\mu>0$ 和 $1-\mu>0$. 假设 $q\in\mathbf{R}^2$ 是无限小质点在匀速旋转坐标系中的坐标,$p\in\mathbf{R}^2$ 是与 $q$ 共轭的动量. 这一旋转坐标系选取如下. 质量为 $\mu$ 为质量总是位于点$(1-\mu,0)$,而质量为 $1-\mu$ 的质点位于$(-\mu,0)$. 见图 2.1

在这些坐标中描述第三个(无限小) 质点运动的哈密顿函数为

$$H=\frac{\|p\|^{2}}{2}-q^{\mathrm{T}}Jp-U \tag{2.7}$$

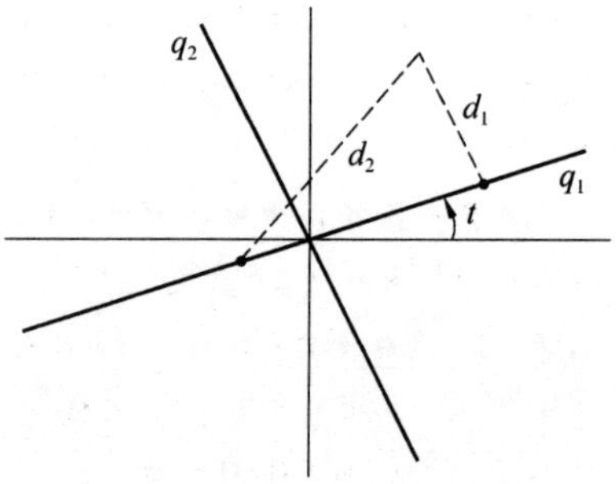


图 2.1　限制性问题

式中 $q,p \in \mathbf{R}^2$ 是共轭的，$J = J_2 = \begin{pmatrix} 0 & 1 \\ -1 & 0 \end{pmatrix}$，$U$ 是自势

$$U = \frac{\mu}{d_1} + \frac{1-\mu}{d_2} \tag{2.8}$$

$d_i$ 是从无限小天体到第 $i$ 个主天体的距离，所以

$$d_1^2 = (q_1 - 1 + \mu)^2 + q_2^2$$
$$d_2^2 = (q_1 + \mu)^2 + q_2^2$$

运动方程为

$$\dot{q} = H_p = Jq + p$$
$$\dot{p} = -H_q = Jp + U_q$$

哈密顿函数 $H$ 中的项 $q^{\mathrm{T}}Jp$ 是由于坐标系不是牛顿坐标系，而是旋转坐标系这一事实. 它导致运动方程中出现哥氏力. 连接质点的线被称为会合线.

限制性三体问题的恰当定义是由上述哈密顿函数定义的微分方程组. 它是一个看似简单但却是难于积分的二自由度问题；它来源于所研究的游移天体，这将在第八章中详细论述.

完全的三体问题有不平衡点，但是正如所要见到的，质点在匀速旋转解上运动的平面问题的解是存在的 —— 见第四章. 特别地，质点沿等边三角形解运动的拉格朗日问题的解是存在的，也存在欧拉共线解. 这些解是旋转坐标系中的平衡解. 由于限制性三体问题是旋转坐标系中的极限情况，我们希望见到平衡时这些解的一些形迹.

限制性问题的平衡解满足

$$0 = p + Jq$$
$$0 = Jp + U_q$$

这意味着

$$0 = q + U_q = V_q$$

式中 $V$ 是修正势

$$V=\frac{1}{2}\|q\|^2+U$$

因此平衡解是修正势的临界点.

首先,来求不位于质点连线上的解. 使用距离 $d_1,d_2$ 作为坐标. 得到恒等式

$$q_1^2+q_2^2=\mu d_1^2+(1-\mu)d_2^2-\mu(1-\mu)$$

因此 $V$ 可以写在距离 $d_1$ 和 $d_2$ 的项中. $V_q=0$ 的方程由这些变量表示成

$$\mu d_1-\frac{\mu}{d_1^2}=0$$

$$(1-\mu)d_2-\frac{(1-\mu)}{d_2^2}=0$$

显然,它有唯一解 $d_1=d_2=1$. 这一解位于以连接两个主质点的线段为底的等边三角形的顶点. 由于存在两个方位,因此有两个平衡解;位于下半平面的一个用 $\mathscr{L}_4$ 表示,位于上半平面的一个用 $\mathscr{L}_5$ 表示. 这些解也是归功于拉格朗日.

拉格朗日认为这些解无天文学意义,但是他错了,在 20 世纪像这样的一个系统在我们的领域被发现. 考虑连接太阳和木星的线段作为太阳 - 木星的等边三角形的底边. 被称作特洛伊(Trojans) 的一群大约 15 个小行星在 $\mathscr{L}_4$ 点被发现,而另外一群被称作希腊人(Greeks) 的大约 15 个小行星在 $\mathscr{L}_5$ 点被发现.

现在考虑当 $q_2=0$ 时沿主质量点连线的平衡. 在此情况中,修正势是 $q_2$ 的函数,暂时用 $q$ 表示. 它的形式为

$$V=\frac{1}{2}q^2\pm\frac{\mu}{(q-1+\mu)}\pm\frac{(1-\mu)}{(q+\mu)}$$

上文,选取符号使得每项均为正. 这有三种情况:

(ⅰ) 当 $q<-\mu$,符号是 - 和 -;

(ⅱ) 当 $-\mu<q<1-\mu$,符号是 - 和 +;

(ⅲ) 当 $1-\mu<q$,符号是 + 和 +. 显然当 $q\to\pm\infty$,或 $q\to-\mu$ 或 $q\to1-\mu$ 时 $V\to\infty$,那么 $V$ 在三段间隔上的每一段上至少有一个临界点. 同样注意到

$$\frac{\mathrm{d}^2V}{\mathrm{d}q^2}=1\pm\frac{\mu}{(q-1+\mu)^3}\pm\frac{(1-\mu)}{(q+\mu)^3}$$

式中再一次选取符号使得每项均为正,所以 $V$ 是一个在三个间隔上的每一段上正好有一个临界点,或者有三个临界点的凸函数. $V$ 的示意图由图 2.2 给出. 这三个共线平衡点归功于欧拉,并用 $\mathscr{L}_1,\mathscr{L}_2,\mathscr{L}_3$ 表示,如图2.3 所示. 在天体力学文献中,这些平衡点被称作天平动点,因此使用符号 $\mathscr{L}$.

也可以考虑空间限制性三体问题. 在此情况中,现在除了 $p=(p_1,p_2,p_3)\in\mathbf{R}^3,q=(q_1,q_2,q_3)\in\mathbf{R}^3$

$$J=J^*=\begin{pmatrix}0&1&0\\-1&0&0\\0&0&0\end{pmatrix}$$

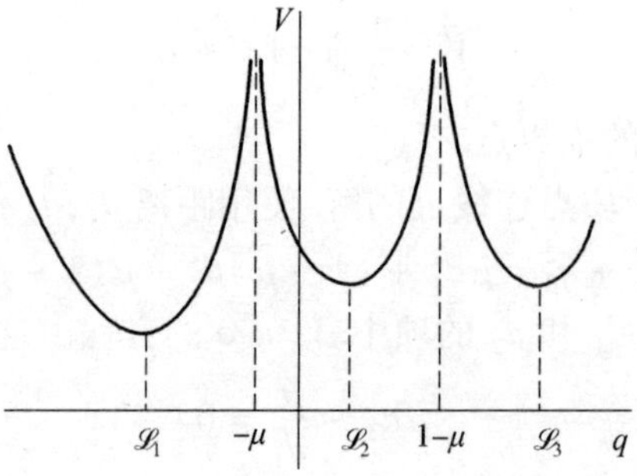


图 2. 2　修正势

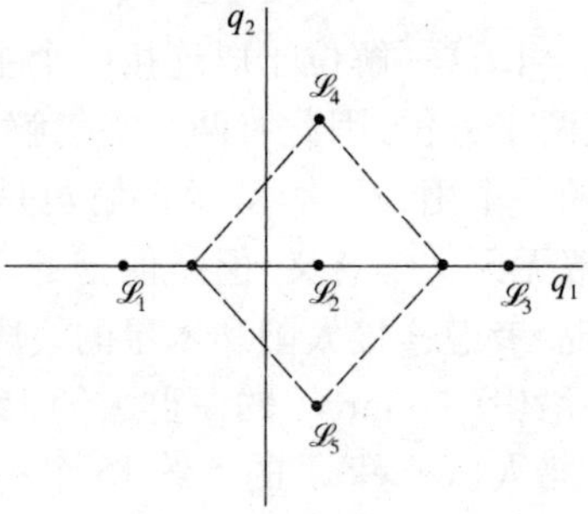


图 2. 3　限制性问题的平衡点

和 $U$ 与带有

$$d_1^2 - (q_1 - 1 + \mu)^2 + q_2^2 + q_3^2$$
$$d_2^2 = (q_1 + \mu)^2 + q_2^2 + q_3^2$$

的式(2. 8) 一样外,哈密顿函数与式(2. 7) 具有相同形式.

## 2.4　希尔月球运动方程

在希尔月球 运动方程的通常描述中,首先要求考虑被固定于原点的天体(地球) 吸引的无限小天体(月球) 的运动. 这一无限小天体在旋转坐标系内运动:系统转动使得正 $X$ 轴指向无限远的有限天体(太阳). 选取两个无穷量的比值使得太阳对月球的引力是有限的. 在第十一章中将给出这些方程的详细推导. 并且讨论为什么“主问题” 的希尔定义在月球运动理论中是重要的. 现在我们简单地给出其哈密顿函数:

$$H = \frac{1}{2} \| p \|^2 - q^{\mathrm{T}} J p - \frac{1}{\| q \|} - q_1^2 + \frac{1}{2} q_2^2 \tag{2.9}$$

## 2.5 椭圆型限制性问题

先前给出了圆型限制性三体问题的哈密顿函数. 在此问题中,假设两个主天体沿二体问题的圆轨道上运动. 如果假设不是这样,而是主天体沿二体问题的椭圆轨道运动,那就是椭圆型限制性问题. 它不再是自主的(与时间无关),而是周期性的. 它同样包含代表主天体轨道偏心率的参数$e$. 在第十二章将给出这些方程的详细推导及用于研究这一问题所用的空间坐标. 目前我们给出哈密顿函数.

在椭圆型限制性问题中操纵第三个(无限小) 天体运动的哈密顿函数是

$$H = \frac{\| p \|^2}{2} - q^{\mathrm{T}} J p - r(t) U + \left(\frac{1 - r(t)}{2}\right) q^{\mathrm{T}} q$$

式中 $q, p \in \mathbf{R}^2$ 是共轭的, $J$ 是 $J_2$, $U$ 是自势

$$U = \frac{\mu}{d_1} + \frac{1 - \mu}{d_2}$$

$d_i$ 是从无限小天体到第 $i$ 个主天体的距离,或

$$d_1^2 = (q_1 - 1 + \mu)^2 + q_2^2$$

$$d_2^2 = (q_1 + \mu)^2 + q_2^2$$

及 $r(t) = 1/(1 + e\cos t)$. 这就是将主天体保持在固定位置的空间坐标.

## 2.6 问题

1. 说明希尔月球运动方程在 $q_1$ 轴上有两个平衡点.

2. 说明椭圆型限制性三体问题有五个平衡点:两个在等边三角形的顶点和三个共线点.

3. 说明在以下问题中没有新的平衡点:

- 空间圆型限制性三体问题.
- 空间椭圆型限制性三体问题.
- 空间希尔月球问题.

# 哈密顿系统

# 第三章

本章中,我们回顾一下哈密顿体系和辛几何学的基本概念,但不给出它们的完整的数学推导.

## 3.1 哈密顿系统

当我们写出被看作是哈密顿系统的开普勒问题、$N$ 体问题等的运动方程时,已经通过例子介绍了哈密顿系统. 首先概括一下这种系统的某些基本情况,更多细节和证明能在 Meyer 和 Hall 的文献[51] 中找到. 哈密顿体系是一种研究保守力学系统理论,特别是天体力学方程的自然数学结构.

一般哈密顿系统是一个由 $2n$ 个常微分方程组成的方程组,其形式为

$$\dot{u} = H_v, \dot{v} = -H_u \tag{3.1}$$

或,用分量表示

$$\dot{u}_i = \frac{\partial H(t,u,v)}{\partial v_i}, \dot{v}_i = -\frac{\partial H(t,u,v)}{\partial u_i} \tag{3.2}$$

式中 $H=H(t,u,v)$ 被称作哈密顿函数,是对于 $(t,u,v)\in\mathscr{O}$ 定义的光滑实变量 $y$ 函数,是 $\mathbf{R}^1\times\mathbf{R}^n\times\mathbf{R}^n$ 中的一个开集. 矢量 $u=(u_1,\cdots,u_n)$ 和 $v=(v_1,\cdots,v_n)$ 习惯上被分别称作位置矢量和动量矢量,$t$ 被称作时间. 变量 $u$ 和 $v$ 被称作是共轭变量. $v$ 是 $u$ 的共轭,且 $u$ 是 $v$ 的共轭. 整数 $n$ 是系统的自由度数.

为了一般讨论,引入 $2n$ 矢量

$$z=\begin{pmatrix}u\\v\end{pmatrix}$$

和 $2n\times 2n$ 斜对称矩阵

$$J=J_{2n}=\begin{pmatrix}0 & I\\-I & 0\end{pmatrix}$$

式中 0 是 $n\times n$ 零矩阵,$I$ 是 $n\times n$ 单位矩阵. 通常我们使用不带下标的 $J$—— 其尺度将由上下文确定. 用这一符号表示法,方程(3.1) 变为

$$\dot{z}=J\nabla_z H(t,z) \tag{3.3}$$

由常微分方程一般理论得出的一个基本结果是存在与唯一性定理. 此定理是说对于每个 $(\tau,\zeta)\in\mathscr{O}$,为 $\tau$ 附近 $t$ 定义的式(3.3) 存在一个满足初始条件 $\phi(\tau,\tau,\zeta)=\zeta$ 的一个唯一解 $z=\phi(t,\tau,\zeta)$. 函数 $\phi(t,\tau,\zeta)$ 在其所有显示的自变量中是光滑的,因此如果方程是解析的,那函数也是解析的. 我们称 $\phi(t,\tau,\zeta)$ 为通解.

当 $H$ 与 $t$ 无关,这一特殊情况中,我们有 $H:\mathscr{O}\to\mathbf{R}^1$,这里 $\mathscr{O}$ 是 $\mathbf{R}^{2n}$ 中的开集,那么方程(3.3) 是自治的,哈密顿系统被称作保守的. 在此情况中,得到恒等式 $\phi(t-\tau,0,\zeta)=\phi(t,\tau,\zeta)$,这是由于其两端均满足方程(3.3) 和相同的初始条件. 在此情况中,$\tau$ 相关性通常会下降,只考虑 $\phi(t,\zeta)$,这里 $\phi(t,\zeta)$ 是式(3.3) 的满足 $\phi(0,\zeta)=\zeta$ 的解,我们说方程定义了一个局部流,即

$$\phi(t,\phi(s,\zeta))=\phi(t+s,\zeta) \tag{3.4}$$

对于所有的 $t,s$ 和 $\zeta$,公式中的所有量值都是确定的,特别是对于 $t$ 和 $s$ 是小量情况. 如果对于所有 $t$ 的解是确定的,那么上面得到的对于所有 $t,s$ 和 $\phi$ 的方程是一个流.

## 3.2　辛坐标

哈密顿方程的形式是非常特殊的,这一特殊形式不是通过变量的任意变换保持的,所以保持这一特殊形式的变量变换在理论上是非常重要的. 天体力学的经典对象满是标有某些伟大数学家名字的特殊坐标系.

如果一个 $2n\times 2n$ 矩阵 $S$ 满足

$$S^{\mathrm{T}}JS = J \tag{3.5}$$

那么称它为辛矩阵. 所有 $2n \times 2n$ 辛矩阵的集合形成了一个被称作辛群的一个群,用 $Sp_n$ 或 $Sp(2n,\mathbf{R})$ 表示. 辛矩阵的行列式是 $+1$,且辛矩阵的转置也是辛的.

令 $T: \mathscr{O} \to \mathbf{R}^{2n}: (t,z) \to Z = T(t,z)$ 是带有 $\mathbf{R}^{2n+1}$ 中某些开集 $\mathscr{O}$ 的光滑函数. $T$ 被称作辛映射(或变换,或函数等.) 如果其雅可比函数行列式 $\partial T/\partial z$ 对于所有 $(t,z) \in \mathscr{O}$ 是一个辛矩阵. 两个辛映射的组合是辛的,辛映射的逆也是辛的. (反函数定理意味着辛映射是局部可逆的.) 由于辛矩阵的行列式是 $+1$,辛变换是保(持定) 向的和保(持体) 积的.

如果变换 $z \to Z = T(t,z)$ 被认为是变量变化,那么称 $Z$ 为辛坐标或正则坐标. 考虑非线性哈密顿系统 $\dot{z} = J\nabla_z H(t,z)$,并通过 $Z = T(t,z) = Z(t,z)$ 及其逆 $z = T^{-1}(t,Z) = z(t,Z)$ 将变量 $z$ 变化到变量 $Z$. 那么哈密顿函数 $H(t,z)$ 转换的函数 $K(t,Z) = H(t,z(t,Z))$. 稍后我们仍用符号记 $H(t,Z)$ 而不是引入新的符号,但是我们将小心区分 $H$ 和 $K$. 文献[51] 可说明方程(3.3) 可转变为

$$\dot{z} = J\nabla_Z K(t,Z) + J\nabla_Z R(t,Z)$$

式中 $R$ 由下式定义

$$\left.\frac{\partial T}{\partial t}(t,z)\right|_{z=z(t,Z)} = J\nabla_Z R(t,Z)$$

$R$ 被称作余项函数. 注意到如果变换与时间无关,那么余项是零. 因此,在新的坐标中,方程是带有哈密顿函数 $K(t,Z) + R(t,Z)$ 的哈密顿方程. (这里我们假设 $\mathscr{O}$ 是单连通的,使得封闭 1 型存在,否则 $R$ 只是局部定义的.)

**命题 3.2.1** 变量的辛变化将哈密顿方程组带到哈密顿系统. 如果变量变化保持所有哈密顿方程的哈密顿形式,那么它是辛的.

假设 $\phi(t,\tau,\zeta)$ 是式(3.3) 的通解,那么 $\phi(\tau,\tau,\zeta) = \zeta$,且假设 $X(t,\tau,\zeta)$ 是 $\phi$ 关于 $\zeta$ 的雅可比函数,也就是说 $X(t,\tau,\zeta) = (\partial\phi/\partial\zeta)(t,\tau,\zeta)$. $X(t,\tau,\zeta)$ 被称作单值矩阵. 将 $\phi$ 代入式(3.3),并对 $\zeta$ 微分得到

$$\dot{X} = JS(t,\tau,\zeta)X$$

$$S(t,\tau,\zeta) = \frac{\partial^2 H}{\partial z^2}(t,\phi(t,\tau,\zeta))$$

这一方程被称作变分方程,且是线性哈密顿系统. 将等式 $\phi(\tau,\tau,\zeta) = \zeta$ 对 $\zeta$ 微分得到 $X(\tau,\tau,\zeta) = I$,为 $2n \times 2n$ 单位矩阵,所以 $I$ 是变分方程的基本矩阵解. (回想一下基本矩阵解 $X(t,\tau)$ 是满足 $X(\tau,\tau) = I$ 的线性方程的矩形矩阵解.) 因此,$X$ 在以下一般结论中是辛的.

**命题 3.2.2** 对于所有 $t$,线性哈密顿系统的基本矩阵解是辛的.

这里指由自治哈密顿系统定义的流是保积的,所以特别是不可能存在渐近稳定

平衡点、周期解等. 这使得哈密顿系统的稳定性理论既难又有趣.

在保守情况中,方程定义一个流 $\phi(t,\zeta)$,上述意味着映射 $\zeta \to \phi(t,\zeta)$ 在定义处是辛的. 这样的流被称作(局部) 辛流,逆命题部分为真.

**命题 3.2.3** 对于小的 $t$ 和 $\zeta \in \mathscr{O}' \subset \mathbf{R}^{2n}$,这里 $\mathscr{O}'$ 是单连通的,如果 $\phi(t,\zeta)$ 是局部辛流,那么存在一个光滑函数 $H: \mathscr{O}' \to \mathbf{R}$ 使得 $\phi(t,\zeta)$ 是 $\dot{z} = J\nabla_z H(z)$ 的通解.

辛变换的定义十分易于验证所归纳的,但是难以用此定义产生所需特性的辛变换. 这有几个有助于构成辛变换的结果.

微分形式

$$\Omega = \frac{1}{2}\sum_{i=1}^{2n}\sum_{j=1}^{2n} J_{ij}\mathrm{d}z^i \wedge \mathrm{d}z^j = \sum_{i=1}^{n}\mathrm{d}z^i \wedge \mathrm{d}z^{i+n} = \sum_{i=1}^{n}\mathrm{d}u^i \wedge \mathrm{d}v^i = \mathrm{d}u \wedge \mathrm{d}v$$

是标准辛形式.

**命题 3.2.4** 当且仅当变换 $z \to \zeta$ 保持标准辛形式,即

$$\sum_{i=1}^{n}\mathrm{d}z^i \wedge \mathrm{d}z^{i+n} = \sum_{i=1}^{n}\mathrm{d}\zeta^i \wedge \mathrm{d}\zeta^{i+n}$$

见[1,51].

例如,从直角坐标 $u,v$ 变化到极坐标 $r,\theta$ 不是辛变换,这是因为 $\mathrm{d}u \wedge \mathrm{d}v = r\mathrm{d}r \wedge \mathrm{d}\theta$. 但是通过定义 $I = r^2/2 = (u^2 + v^2)/2$,我们有 $\mathrm{d}u \wedge \mathrm{d}v = \mathrm{d}I \wedge \mathrm{d}\theta$,所以变换 $u,v \to I,\theta$ 是辛的,且 $I,\theta$ 是辛坐标,它们就是通常所说的作用 - 角度变量.

## 3.3 母函数

使用经典符号 $z = (u,v)$ 使得标准辛形式为

$$\Omega = \sum_{i=1}^{n}\mathrm{d}u^i \wedge \mathrm{d}v^i = \mathrm{d}u \wedge \mathrm{d}v$$

假设 $\bar{u} = \bar{u}(u,v)$ ,$\bar{v} = \bar{v}(u,v)$ 是变量的变化,并假设函数 $\bar{u}$ 和 $\bar{v}$ 是被定义在 $\mathbf{R}^{2n}$ 中的一个球中. 变量变化是辛的,条件是当且仅当

$$\mathrm{d}u \wedge \mathrm{d}v = \mathrm{d}\bar{u} \wedge \mathrm{d}\bar{v}$$

此式等效于 $\mathrm{d}(u\mathrm{d}v - \bar{u}\mathrm{d}\bar{v}) = 0$ 或 $\sigma_1 = u\mathrm{d}v - \bar{u}\mathrm{d}\bar{v}$ 是闭的. 当且仅当 $\sigma_2 = \sigma_1 + \mathrm{d}(\bar{u}\bar{v}) = u\mathrm{d}v + \bar{v}\mathrm{d}\bar{u}$ 是闭的时,$\sigma_1$ 是闭的. 在类似情况中,变量的变化 $\bar{\bar{u}} = \bar{u}(u,v)$ ,$\bar{v} = \bar{v}(u,v)$ 是辛的,条件是当且仅当如下任意一个形式是闭的:

$$\sigma_1 = u\mathrm{d}v - \bar{u}\mathrm{d}\bar{v}, \sigma_2 = u\mathrm{d}v + \bar{v}\mathrm{d}\bar{u},$$
$$\sigma_3 = v\mathrm{d}u - \bar{v}\mathrm{d}\bar{u}, \sigma_4 = v\mathrm{d}u + \bar{u}\mathrm{d}\bar{v}. \tag{3.6}$$

由于函数 $\bar{u}$ 和 $\bar{v}$ 是被定义在一个球中,依据庞加莱引理,闭形式是存在的,所以,当且仅当函数 $S_1,S_2,S_3,S_4$ 之一存在,并满足以下的一个:

$$\mathrm{d}S_1(v,\bar{v})=\sigma_1,\mathrm{d}S_2(v,\bar{u})=\sigma_2,$$
$$\mathrm{d}S_3(u,\bar{u})=\sigma_3,\mathrm{d}S_4(u,\bar{v})=\sigma_4.$$

时,变量的变化是辛的. 在上面的公式中,有一个所有分量的默认和.

这些叙述给出一种构造变量辛变化的简单方法. 假设存在函数 $S_1(v,\bar{v})$ 使得 $\mathrm{d}S_1=\sigma_1$,那么

$$\mathrm{d}S_1=\frac{\partial S_1}{\partial v}\mathrm{d}v+\frac{\partial S_1}{\partial \bar{v}}\mathrm{d}\bar{v}=u\mathrm{d}v-\bar{u}\mathrm{d}\bar{v}$$

所以,如果

$$u=\frac{\partial S_1}{\partial v}(v,\bar{v}),\bar{u}=-\frac{\partial S_1}{\partial \bar{v}}(v,\bar{v}) \tag{3.7}$$

定义变量从 $(u,v)$ 变化到 $(\bar{u},\bar{v})$,那么它是辛的. 依据隐函数定理,当 $S_1$ 的海塞式是非奇异时,式(3.7)中的第一个方程作为 $u$ 和 $v$ 的函数对于 $\bar{v}$ 是可解的. 将 $\bar{v}=\bar{v}(u,v)$ 代入到第二个方程得到 $\bar{u}=\bar{u}(u,v)$,这定义坐标的一个辛变化. 类似情况,我们有

**命题 3.3.1** 以下定义了变量的局部辛变化

$$当\frac{\partial^2 S_1}{\partial v\partial \bar{v}}是非奇异时,u=\frac{\partial S_1}{\partial v}(v,\bar{v}),\bar{u}=-\frac{\partial S_1}{\partial \bar{v}}(v,\bar{v})$$

$$当\frac{\partial^2 S_2}{\partial v\partial \bar{u}}是非奇异时,u=\frac{\partial S_2}{\partial v}(v,\bar{u}),\bar{v}=\frac{\partial S_2}{\partial \bar{u}}(v,\bar{u})$$

$$当\frac{\partial^2 S_3}{\partial u\partial \bar{u}}是非奇异时,v=\frac{\partial S_3}{\partial u}(u,\bar{u}),\bar{v}=-\frac{\partial S_3}{\partial \bar{u}}(u,\bar{u})$$

$$当\frac{\partial^2 S_4}{\partial u\partial \bar{v}}是非奇异时,v=\frac{\partial S_4}{\partial u}(u,\bar{v}),\bar{u}=\frac{\partial S_4}{\partial \bar{v}}(u,\bar{v}) \tag{3.8}$$

(注释:以上偏导数都是列向量.) 函数 $S_i$ 被称作母函数. 例如,如果 $S_2(v,\bar{u})=v\bar{u}$,那么恒等变换 $\bar{u}=u,\bar{v}=v$ 是辛的,且如果 $S,(v,\bar{v})=v\bar{v}$,那么变量的转换 $\bar{u}=-u,\bar{v}=v$ 是辛的.

如果我们给出一个带有 $\partial f/\partial u$ 可逆的点变换 $\bar{u}=f(u)$,那么通过定义 $S_4(u,\bar{v})=f(u)^{\mathrm{T}}\bar{v}$ 和

$$v=\frac{\partial f}{\partial n}(u)\bar{v}$$

$$\bar{u}=f(u)$$

变换可以拓展到辛变换. 这些变换被称作马丢(Mathieu)变换. 其中的特殊情况 $f(u)=A^{\mathrm{T}}u$,这里 $A$ 是非奇异 $n\times n$ 矩阵,给出一个线性辛变换,其矩阵为

$$\begin{pmatrix}A^{\mathrm{T}} & 0\\ 0 & A^{-1}\end{pmatrix}$$

## 3.4 旋转坐标

令 $J=J_2=\begin{pmatrix}0 & 1\\ -1 & 0\end{pmatrix}$，$\exp(\omega Jt)=\begin{pmatrix}\cos\omega t & \sin\omega t\\ -\sin\omega t & \cos\omega t\end{pmatrix}$ 是2×2矩阵. 并且考虑平面 $N$ 体问题，因此矢量 $\mathbf{q}_i$，$\mathbf{p}_i$ 是二维矢量. 通过

$$q_i=\exp(\omega Jt)\mathbf{q}_i$$
$$p_i=\exp(\omega Jt)\mathbf{p}_i$$

引入一个以频率 $\omega$ 匀速旋转的坐标集合. 由于 $J$ 是斜对称的，$\exp(\omega Jt)$ 对于所有 $t$ 是正交的，所以变量的变化是辛的. 余项函数是 $-\sum\omega q_i^{\mathrm{T}}Jp_i$，因此旋转坐标中的 $N$ 体问题的哈密顿函数是

$$H=\sum_{i=1}^{N}\frac{\|p_i\|^2}{2m_i}-\sum_{i=1}^{N}\omega q_i^{\mathrm{T}}Jp_i-\sum_{1\leqslant i,j\leqslant N}\frac{m_im_j}{\|q_i-q_j\|}$$

余项使运动方程中产生额外项，此额外项有时被称作哥氏力.

运动方程为

$$\dot{q}_i=\frac{\partial H}{\partial p_i}=\frac{p_i}{m_i}+\omega Jq_i$$
$$\dot{p}_i=-\frac{\partial H}{\partial q_i}=\omega Jp_i+\sum_{j=1}^{N}\frac{m_im_j(q_j-q_i)}{\|q_j-q_j\|^3}\tag{3.9}$$

通常，在讨论中取 $\omega=1$. 下面各章中的 $N$ 体问题的大量讨论都将在旋转坐标中. 固定坐标将用黑体表示，旋转坐标将用正体表示.

旋转坐标中的开普勒问题是

$$H=\frac{\|p\|^2}{2}-q^{\mathrm{T}}Jp-\frac{\mu}{\|q\|}$$

也可以将旋转坐标用于空间问题. 假设

$$J=J^*=\begin{pmatrix}0 & 1 & 0\\ -1 & 0 & 0\\ 0 & 0 & 0\end{pmatrix}$$

$$\exp(\omega Jt)=\begin{pmatrix}\cos\omega t & \sin\omega t & 0\\ -\sin\omega t & \cos\omega t & 0\\ 0 & 0 & 1\end{pmatrix}$$

是3×3矩阵，并考虑空间 $N$ 体问题，所以矢量 $\mathbf{q}_i$，$\mathbf{p}_i$ 是三维矢量. 通过

$$q_i=\exp(\omega Jt)\mathbf{q}_i$$
$$p_i=\exp(\omega Jt)\mathbf{p}_i$$

引入一个以频率 $\omega$ 绕 $\mathbf{q}_3$ 轴匀速旋转的坐标集合. 哈密顿函数具有与平面问题一样的形式,只是 $J$ 是新定义的.

## 3.5 雅可比坐标

对于本书中所考虑的问题来说,雅可比坐标是理想的,这有几个原因. 第一,一个坐标位于系统的质心,因而它可以设成零或在随后的考虑中忽略. 这实现了问题维数的第一次约化 —— 见关于约化的第五章. 第二,另一个坐标是从一个质点到另一个质点的矢量,因此它可以在两个质量邻近的问题易于量化 —— 见关于月球轨道的第九章. 第三,第三个坐标是从其他质点质心到一个质点的矢量,那么它可以在这一质点远离其他质点的问题中易于量化 —— 见关于彗星运动的第十章. 最后,在这些坐标中,哈密顿函数和角动量是相对简单的.

由于本书中所考虑问题的特性,必须同时在固定坐标和旋转坐标中讨论 $N$ 体和 $N+1$ 体问题. 为了后面的应用,在此考虑 $N+1$ 体问题,并对质量、位置矢量、动量矢量从 0 到 $N$ 编号是方便的. 所介绍的雅可比坐标现在引入固定坐标和旋转坐标. 由于我们更经常使用旋转坐标,此讨论将针对旋转坐标. 对待固定坐标也是同样的.

假设 $q_0, q_1, \cdots, q_N, p_0, \cdots, p_N$ 是以前各节中所用的旋转坐标. 设 $g_0 = q_0$ 和 $\mu_0 = m_0$. 对于 $k = 1, \cdots, N$, 定义点变换序列如下

$$\begin{aligned} & x_k = q_k - g_{k-1} \\ T_k: & g_k = \frac{1}{\mu_k}(m_k q_k + \mu_{k-1} g_{k-1}) \\ & \mu_k = m_k + \mu_{k-1} \end{aligned} \tag{3.10}$$

因而 $\mu_k$ 是编号为 $0, 1, \cdots, k$ 质点的总质量, $g_k$ 是这些质点的质心. 矢量 $x_k$ 是第 $k$ 个质点相对它之前各质点的质心的位置. 考虑 $T_k$ 为从 $g_{k-1}, x_1, \cdots, x_{k-1}, q_k, \cdots, q_N$ 到 $g_k, x_1, \cdots, x_k, q_{k+1}, \cdots, q_N$, 或简化为从 $g_{k-1}, q_k$ 到 $g_k, x_k$ 的坐标变化. $T_k$ 的逆为

$$T_k^{-1}: \begin{aligned} q_k &= \frac{\mu_{k-1}}{\mu_k} x_k + g_k \\ g_{k-1} &= -\frac{m_k}{\mu_k} x_k + g_k \end{aligned} \tag{3.11}$$

为了进行 $T_k$ 的线性辛延拓(马丢变换),定义 $G_0 = p_0$ 和

$$Q_k: \begin{aligned} y_k &= \frac{\mu_{k-1}}{\mu_k}p_k - \frac{m_k}{\mu_k}G_{k-1} \\ G_k &= p_k + G_{k-1} \end{aligned} \tag{3.12}$$

和

$$Q_k^{-1}: \begin{aligned} p_k &= y_k + \frac{m_k}{\mu_k}G_k \\ G_{k-1} &= -y_k + \frac{\mu_{k-1}}{\mu_k}G_k \end{aligned} \tag{3.13}$$

如果我们用 $A$ 定义式(3.10)中的系数矩阵，那么式(3.11)，(3.12)和(3.13)中的系数矩阵分别为 $A^{-1}$，$A^{\mathrm{T}-1}$ 和 $A^{\mathrm{T}}$，并且一对 $T_k$，$Q_k$ 是坐标的辛变化.

简单计算产生

$$g_{k-1}^{\mathrm{T}}JG_{k-1} + q_k^{\mathrm{T}}Jp_k = g_k^{\mathrm{T}}JG_k + x_k^{\mathrm{T}}Jy_k \tag{3.14}$$

和

$$\frac{1}{2\mu_{k-1}}\|G_{k-1}\|^2 + \frac{1}{2m_k}\|p_k\|^2 = \frac{1}{2\mu_k}\|G_k\|^2 + \frac{1}{2M_k}\|y_k\|^2 \tag{3.15}$$

式中 $M_k = m_k\mu_{k-1}/\mu_k$.

由于每个变换 $T_k$，$Q_k$ 对于 $k=1,\cdots,N$ 都是辛变换，它们的组合也是辛的，因此从 $q_0,\cdots,q_N,p_0,\cdots,p_N$ 到 $g_N,x_1,\cdots,x_N,G_N,y_1,\cdots,y_N$ 的变量变化也是辛的. 对式(3.14)和(3.15)的简单归纳表明动能是

$$K = \sum_{i=0}^{N}\frac{1}{2m_i}\|p_i\|^2 = \frac{1}{2\mu N}\|G_n\|^2 + \sum_{i=1}^{N}\frac{1}{2M_i}\|y_i\|^2 \tag{3.16}$$

及总角动量 $O$ 是

$$O = \sum_{i=0}^{N}q_i^{\mathrm{T}}Jp_i = g_N^{\mathrm{T}}JG_N + \sum_{i=1}^{N}x_i^{\mathrm{T}}Jy_i \tag{3.17}$$

$g_N$ 是系统的质心，$G_N$ 是总的线动量.

这一归纳定义并不适合于用 $q$ 和 $p$ 项表示的 $x$ 和 $y$ 的简单公式，但是我们需要这一表示法的几个特有特性. 首先由式(3.10)注意到

$$x_1 = q_1 - q_0 \tag{3.18}$$

我们称

$$q_0 = g_k - \sum_{l=1}^{k}\frac{m_l}{\mu_l} \quad \text{for} \quad k = 1,\cdots,N \tag{3.19}$$

由于式(3.11)给出 $g_0 = (-m_1/\mu_1)x_1 + g_1$ 和 $g_0 = q_0$. 当 $k=1$，方程(3.19)为真. 假设式(3.19)用于 $k-1$. 那么 $q_0 = g_{k-1} - \sum_{l=1}^{k-1}(m_l/\mu_l)x_l$，但再一次利用式(3.11)，我们有 $g_{k-1} = (-m_k/\mu_k)x_k + g_k$，且这两个公式都生成式(3.19).

最后，我们称，对于 $0 \leqslant i < j \leqslant N$

$$q_j - q_i = x_j + \sum_{l=1}^{j-1} a_{jil} x_l \tag{3.20}$$

式中 $a_{ijl}$ 是常数. 我们利用归纳 $j$ 证明式(3.20). 对于 $j=1$,这正是式(3.18). 现在假设式(3.20) 用于 $j-1$. 我们只需要考虑 $j>i$,因此

$$q_j - q_i = (q_j - q_0) - (q_i - q_0) \tag{3.21}$$

利用式(3.19),有 $q_0 = q_{j-1} - \sum_{l=1}^{j-1} (m_l/\mu_l) x_l$,利用式(3.10),$q_j = x_j + q_{j-1}$. 由于 $i<j$,归纳假设得到 $q_i - q_0 = x_i + \sum_{l=1}^{i-1} a_{i0l} x_l$. 将最后这三个关系式代入式(3.21) 得到式(3.20).

假设 $d_{ji} = q_j - q_i = x_j + \sum_{l=1}^{j-1} a_{jil} x_l$. 在旋转雅可比坐标中的 $N+1$ 体问题的哈密顿函数变为

$$H = \frac{1}{2\mu_N}\| G_N \|^2 + \sum_{i=1}^{N} \frac{1}{2M_i} \| y_i \|^2 - g_N^{\mathrm{T}} J G_N - \sum_{i=1}^{N} x_i^{\mathrm{T}} J y_i - \sum_{0 \leqslant i<j \leqslant N} \frac{m_i m_j}{\| d_{ij} \|} \tag{3.22}$$

利用式(3.20),式(3.22) 中的最后一项为势能,它与 $g_N$ 无关,因此 $g_N$ 和 $G_N$ 的方程是

$$\dot{g}_N = J g_N + \frac{1}{\mu_N} G_N, \dot{G}_N = J G_N \tag{3.23}$$

因此在 $g_N = G_N = 0$ 的不变空间上旋转雅可比坐标中的 $N$ 体问题的哈密顿函数是

$$H = \sum_{i=1}^{N} \left(\frac{1}{2M_i} \| y_i \|^2 - x_i^{\mathrm{T}} J y_i\right) - \sum_{0 \leqslant i<j \leqslant N} \frac{m_i m_j}{\| d_{ji} \|} \tag{3.24}$$

在类似情况中,在 $\mathbf{g}_N = \mathbf{G}_N = 0$ 的不变空间上固定雅可比坐标 $g, x_1, \cdots, x_N, G_N, y_1, \cdots, y_N$ 中的 $N$ 体问题的哈密顿函数是

$$H = \sum_{i=1}^{N} \frac{1}{2M_i} \| \mathbf{y}_i \|^2 - \sum_{0 \leqslant i<j \leqslant N} \frac{m_i m_j}{\| d_{ji} \|} \tag{3.25}$$

考虑固定雅可比坐标中的二体问题. 当 $N=1$ 和 $g_1 = G_1 = 0$,哈密顿函数取简单形式

$$H = \frac{\| \mathbf{y} \|^2}{2M} - \frac{m_1 m_2}{\| \mathbf{x} \|}$$

式中 $\mathbf{y} = \mathbf{y}_1, \mathbf{x} = \mathbf{x}_1 = \mathbf{q}_1 - \mathbf{q}_0, M = m_0 m_1/(m_0 + m_1)$. 这正是开普勒问题,因此在雅可比坐标中二体问题就是开普勒问题. 这是说,当从地球上看,月球的运动就好像是地球是固定体,月球被中心力吸引向地球. (地球是宇宙的中心?)

现在考虑固定雅可比坐标中的三体问题. 在三体问题中,天体之间的距离和势在雅可比坐标中不太复杂. 此外雅可比坐标中三体问题的哈密顿函数将在

下一节中变换为极坐标. 将在第七章中用到以理解三体问题的约化和确定两个小质量周期解(第一类庞加莱周期解)的存在性.

令

$$M_1=\frac{m_0m_1}{m_0+m_1}$$

$$M_2=\frac{m_2(m_0+m_1)}{m_0+m_1+m_2}$$

$$\alpha_0=\frac{m_0}{m_0+m_1}$$

$$\alpha_1=\frac{m_1}{m_0+m_1}$$

在雅可比坐标中质心固定于原点且线动量为零的三体问题的哈密顿函数是

$$H=\frac{\|\mathbf{y}_1\|^2}{2M_1}+\frac{\|\mathbf{y}_2\|^2}{2M_2}-\frac{m_0m_1}{\|\mathbf{x}_1\|}-\frac{m_1m_2}{\|\mathbf{x}_2-\alpha_0\mathbf{x}_1\|}-\frac{m_2m_0}{\|\mathbf{x}_2+\alpha_1\mathbf{x}_1\|}$$

见图 3. 1. 有从 1 到 $N$ 对 $N$ 个天体编号. 在此情况中,除了 $\alpha'$ 的下标外,其他所有下标均增加 1,这在某些人看来更好一些.

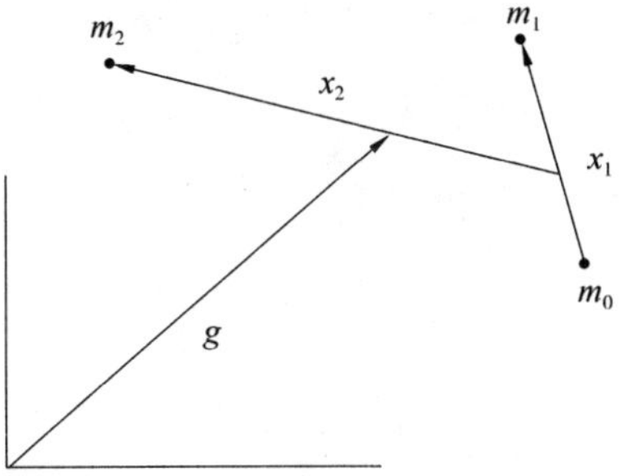


图 3. 1　雅可比坐标中的三体问题

## 3.6　作用 - 角度和极坐标

在辛几何中存在两种极坐标形式. 第一种假设 $\mathbf{q},\mathbf{p}$ 是平面中的直角坐标,所以 $\mathbf{q}\in\mathbf{R}^1$ 和 $\mathbf{p}\in\mathbf{R}^1$. 这就是说,我们考虑一个自由度的问题. 从直角坐标 $\mathbf{q}$, $\mathbf{p}$ 向通常的极坐标, $r,\theta$ 变化不是辛的,但是

$$\mathrm{d}\mathbf{q}\wedge\mathrm{d}\mathbf{p}=r\,\mathrm{d}r\wedge\mathrm{d}\theta=\mathrm{d}(r^2/2)\wedge\mathrm{d}\theta=\mathrm{d}I\wedge\mathrm{d}\theta$$

$$I=\frac{1}{2}(\mathbf{q}^2+\mathbf{p}^2)$$

$$\theta=\arctan\frac{\mathbf{p}}{\mathbf{q}}$$

$$\mathbf{q} = \sqrt{2I}\cos\theta$$
$$\mathbf{p} = \sqrt{2I}\sin\theta$$

因此,$I,\theta$ 是被称作作用 - 角度坐标的辛(或正则)坐标. 谐振子 $\ddot{\xi} + \omega^2\xi = 0$,如果我们设 $\mathbf{q} = \omega\xi, \mathbf{p} = \dot{\xi}$ 可以写成具有哈密顿函数的哈密顿系统.

$$H = \frac{\omega}{2}(\mathbf{q}^2 + \mathbf{p}^2) = \omega I$$

且在作用 - 角度坐标中,运动方程为

$$\dot{I} = \frac{\partial H}{\partial \theta} = 0$$
$$\dot{\theta} = -\frac{\partial H}{\partial I} = -\omega$$

因此此解在恒定半径的圆上以匀频率 $\omega$ 沿逆时针方向运动.

现在考虑具有直角坐标 $\mathbf{q} = (\mathbf{q}_1, \mathbf{q}_2)$ 及其共轭动量 $\mathbf{p} = (\mathbf{p}_1, \mathbf{p}_2)$ 的二自由度问题. 考虑极坐标在 $\mathbf{q}$ 平面上的辛延拓,也就是我们希望在 $\mathbf{q}$ 平面上改变极坐标. 因此我们必须将这个点变换拓展到变量的辛变化. 假设 $R,\Theta$ 是的 $r,\theta$ 的共轭. 取母函数

$$S = \mathbf{p}_1 r\cos\theta + \mathbf{p}_2 r\sin\theta$$

所以

$$\mathbf{q}_1 = \frac{\partial S}{\partial \mathbf{p}_1} = r\cos\theta$$
$$\mathbf{q}_2 = \frac{\partial S}{\partial \mathbf{p}_2} = r\sin\theta$$
$$R = \frac{\partial S}{\partial r} = \mathbf{p}_1\cos\theta + \mathbf{p}_2\sin\theta = \frac{\mathbf{q}_1\mathbf{p}_1 + \mathbf{q}_2\mathbf{p}_2}{r}$$
$$\Theta = \frac{\partial S}{\partial \theta} = -\mathbf{p}_1 r\sin\theta + \mathbf{p}_2 r\cos\theta = \mathbf{q}_1\mathbf{p}_2 - \mathbf{q}_2\mathbf{p}_1$$

如果我们认为质量为 $m = 1$ 的质点在平面内运动,那么 $\mathbf{p}_1 = \dot{\mathbf{q}}_1$ 和 $\mathbf{p}_2 = \dot{\mathbf{q}}_2$ 是在 $\mathbf{q}_1$ 和 $\mathbf{q}_2$ 方向上的线动量,因此 $R = \dot{r}$ 是在 $r$ 方向上的线动量,$\Theta = \mathbf{q}_1\dot{\mathbf{q}}_2 - \mathbf{q}_2\dot{\mathbf{q}}_1 = r^2\dot{\theta}$ 是角动量. 逆变换为

$$\mathbf{p}_1 = R\cos\theta - \frac{\Theta}{r}\sin\theta$$
$$\mathbf{p}_2 = R\sin\theta + \frac{\Theta}{r}\cos\theta$$

极坐标中的开普勒问题的哈密顿函数是

$$H = \frac{1}{2}\left(R^2 + \frac{\Theta^2}{r^2}\right) - \frac{\mu}{r}$$

由于 $H$ 与 $\theta$ 无关,它是一个可忽略的坐标,$\Theta$ 是一个积分. 下面会用到这些坐标

来解开普勒问题.

旋转极坐标中的开普勒问题的哈密顿函数为

$$H = \frac{1}{2}(R^2 + \frac{\Theta^2}{r^2}) - \Theta - \frac{\mu}{r}$$

$H$ 又与 $\theta$ 无关,它为可忽略的坐标,$\Theta$ 是一个积分.

考虑在固定雅可比坐标中质心在原点,线动量为零的三体问题. 为 $\mathbf{x}_1$ 和 $\mathbf{x}_2$ 引入极坐标,也就是,令

$$\mathbf{x}_1 = (r_1\cos\theta_1, r_1\sin\theta_1)$$

$$\mathbf{x}_2 = (r_2\cos\theta_2, r_2\sin\theta_2)$$

$$\mathbf{y}_1 = (R_1\cos\theta_1 - (\Theta_1/r_1)\sin\theta_1, R_1\sin\theta_1 + (\Theta_1/r_1)\cos\theta_1)$$

$$\mathbf{y}_2 = (R_2\cos\theta_2 - (\Theta_2/r_2)\sin\theta_2, R_2\sin\theta_2 + (\Theta_2/r_2)\cos\theta_2)$$

所以雅可比极坐标中的三体问题的哈密顿函数变为

$$H = \frac{1}{2M_1}\{R_1^2 + (\frac{\Theta_1^2}{r_1^2})\} + \frac{1}{2M_2}\{R_2^2 + (\frac{\Theta_2^2}{r_2^2})\} - \frac{m_0m_1}{r_1} - \frac{m_0m_2}{\sqrt{r_2^2 + \alpha_1^2r_1^2 + 2\alpha_1r_1r_2\cos(\theta_2 - \theta_1)}} - \frac{m_1m_2}{\sqrt{r_2^2 + \alpha_0^2r_1^2 - 2\alpha_0r_1r_2\cos(\theta_2 - \theta_1)}} \tag{3.26}$$

这些常数与以前的相同. 注意到哈密顿函数只取决于极角的差,即 $\theta_2 - \theta_1$.

## 3.7 开普勒问题的解

回想起开普勒问题的哈密顿函数是

$$H = \frac{\|\mathbf{p}\|^2}{2} - \frac{\mu}{\|\mathbf{q}\|}$$

式中 $\mathbf{q} \in \mathbf{R}^3$ 是固定坐标系中质点的位置矢量,$\mathbf{p} \in \mathbf{R}^3$ 是其动量,$\mu$ 是一个常数. 角动量 $\mathbf{O} = \mathbf{q} \times \mathbf{p}$ 在解中是常值,所以 $\mathbf{O}$ 的三个分量均为积分. 如果 $\mathbf{O} = 0$,那么运动是共线的. 在此情况下,积分是基本的,可得到解的简单公式.

如果 $\mathbf{O} \neq 0$,$\mathbf{q}$ 和 $\mathbf{p} = \dot{\mathbf{q}}$ 二者都正交于 $\mathbf{O}$,所以运动发生在正交于 $\mathbf{O}$ 的平面. 这一平面被称作不变平面. 在此情况中取一个坐标轴,比方说最后的轴,沿 $\mathbf{O}$ 指向,因此运动是在坐标平面内. 这一坐标平面内的运动方程具有与上面的一样的形式,但是现在 $\mathbf{q} \in \mathbf{R}^2$. 在平面问题中,只有垂直于此平面的角动量的分量是非平凡的,所以,问题约化为具有一个积分的二自由度问题. 这样的问题是可能的"等于求积分". 结果是问题在基本函数的项中是(完全,差不多) 可解的.

平面开普勒问题的哈密顿函数用极坐标表示为

$$H = \frac{1}{2}(R^2 + \frac{\Theta^2}{r^2}) - \frac{\mu}{r}$$

由于 $H$ 与 $\theta$ 无关,它是可忽略的坐标,且 $\Theta$ 是一个积分. 运动方程为

$$\dot{r} = R$$

$$\dot{\theta} = \frac{\Theta}{r^2}$$

$$\dot{R} = \frac{\Theta^2}{r^3} - \frac{\mu}{r^2}$$

$$\dot{\Theta} = 0$$

这些方程意味着角动量 $\Theta$ 是常数,比方说是 $c$;那么

$$\ddot{r} = \dot{R} = c^2/r^3 - \mu/r^2$$

这是一个 $r$ 的单自由度方程,所以它是易解的. $r$ 的方程可以明确解出.

假设 $c \neq 0$,那么运动不是共线的,进行变量变化 $u = 1/r$ 和 $\mathrm{d}t = (r^2/c)\mathrm{d}\theta$ 使得

$$\ddot{r} = \frac{c}{r^2}\frac{\mathrm{d}}{\mathrm{d}\theta}(\frac{c}{r^2}\frac{\mathrm{d}r}{\mathrm{d}\theta}) = c^2u^2\frac{\mathrm{d}}{\mathrm{d}\theta}(u^2\frac{\mathrm{d}u^{-1}}{\mathrm{d}\theta}) =$$

$$-c^2u^2u'' - \frac{c^2}{r^3} + \frac{\mu}{r^2} = -c^2u^3 + \mu u^2$$

或

$$u'' + u = \mu/c^2$$

式中 $' = \mathrm{d}/\mathrm{d}\theta$. 这个方程正是非齐次谐振子,其通解为 $u = \mu/c^2(1 + e\cos(\theta - g))$,其中 $e$ 和 $g$ 是积分常数. 令 $f = \theta - g$,那么

$$r = \frac{c^2/\mu}{1 + e\cos f} \tag{3.27}$$

这是极坐标中圆锥截面方程. 考虑图 3.2 中的直线 $l$,它垂直于过原点角度为 $g$ 的射线,且距离为 $c^2/e\mu$. 式(3.27) 改写为

$$r = e(\frac{c^2}{e\mu} - r\cos f)$$

它表示质点到原点的距离 $r$ 等于质点到直线 $l$ 的距离 $c^2/e\mu - r\cos f$ 的 $e$ 倍. 这是圆锥截面的许多定义中的一种定义. 一个焦点是在原点上. 参数 $e$ 是偏心率. 如果 $e = 0$,轨道是圆,如果 $0 < e < 1$,轨迹是椭圆,如果 $e = 1$,轨道是抛物线,如果 $e > 0$,轨迹是双曲线.

图 3.2 中的最接近点 $p$,如果太阳作为引力体位于原点,则被称作近日点,如果地球作为引力体位于原点,则被称作近地点. 角度 $f$ 被称作真近点角,$g$ 被称作近日(地) 点幅角.

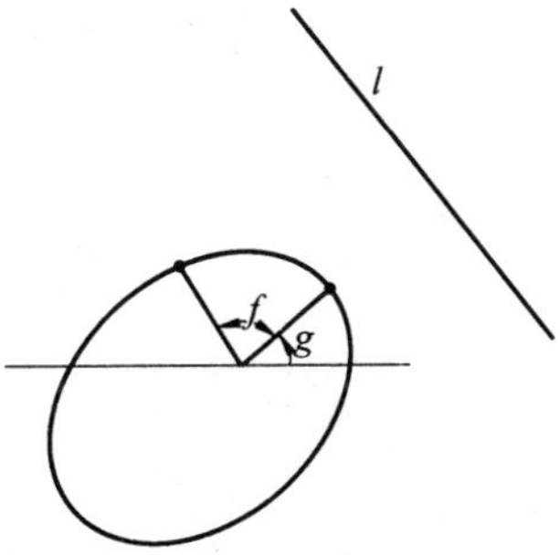


图 3.2　椭圆轨道

# 3.8　球坐标

通常三维开普勒问题可以约化为平面问题,这是因为角动量守恒意味着运动发生于垂直于角动量矢量的平面内. 但是,球坐标有时是有用的. 在首次阅读时可以略过本节.

考虑标准球坐标$(\rho,\theta,\phi)$,半径、经度和共纬度,也就是定义如下的球坐标

$$\mathbf{q}_1=\rho\sin\phi\cos\theta$$
$$\mathbf{q}_2=\rho\sin\phi\sin\theta$$
$$\mathbf{q}_3=\rho\cos\phi$$

使用马丢函数来拓展这一点变换.

$$S=\mathbf{p}_1\rho\sin\phi\cos\theta+\mathbf{p}_2\rho\sin\phi\sin\theta+\mathbf{p}_3\rho\cos\phi$$

所以

$$\begin{aligned}
P=\frac{\partial S}{\partial\rho}&=\mathbf{p}_1\sin\phi\cos\theta+\mathbf{p}_2\sin\phi\sin\theta+\mathbf{p}_3\cos\phi=\\
&(\mathbf{q}_1\mathbf{p}_1+\mathbf{q}_2\mathbf{p}_2+\mathbf{q}_3\mathbf{p}_3)/\rho=\dot{\rho}\\
\Theta=\frac{\partial S}{\partial\theta}&=-\mathbf{p}_1\rho\sin\phi\sin\theta+\mathbf{p}_2\rho\sin\phi\cos\theta=\\
&-\mathbf{p}_1\mathbf{q}_2+\mathbf{p}_2\mathbf{q}_1=\rho^2\dot{\theta}
\end{aligned}\tag{3.28}$$

$$\Phi=\frac{\partial S}{\partial\phi}=\mathbf{p}_1\boldsymbol{\rho}\boldsymbol{cos}\ \boldsymbol{\phi}\boldsymbol{cos}\ \boldsymbol{\theta}+\mathbf{p}_2\rho\cos\phi\sin\theta-\mathbf{p}_3\rho\sin\phi=$$
$$\rho^2\cos^2\phi\dot{\phi}$$

因而 $R$ 是径向动量,$\Theta$ 是角动量的 $\mathbf{q}_3$ 分量. 由这些公式计算

$$\mathbf{p}_3=P\cos\phi-(\Phi/\rho)\sin\phi$$
$$P\sin\phi+(\Phi/\rho)\cos\phi=\mathbf{p}_1\cos\theta+\mathbf{p}_2\sin\theta$$
$$\Theta/(\rho\sin\phi)=-\mathbf{p}_1\sin\theta+\mathbf{p}_2\cos\theta$$

不用计算 $\mathbf{p}_1$ 和 $\mathbf{p}_2$，由最后的两个公式计算 $\mathbf{p}_1^2+\mathbf{p}_2^2$. 将求得空间坐标中开普勒问题的哈密顿函数

$$H=\frac{1}{2}\left\{P^2+\frac{\Phi^2}{\rho^2}+\frac{\Theta^2}{\rho^2\sin^2\phi}\right\}-\frac{1}{\rho} \tag{3.29}$$

且运动方程为

$$\dot{\rho}=H_P=P$$

$$\dot{P}=-H_\rho=\frac{\Phi^2}{\rho^3}+\frac{\Theta^2}{\rho^3\sin^2\phi}-\frac{1}{\rho^2}$$

$$\dot{\theta}=H_\Theta=\frac{\Theta}{\rho^2\sin^2\phi}$$

$$\dot{\Theta}=-H_\theta=0$$

$$\dot{\phi}=H_\Phi=\frac{\Phi}{p^2}$$

$$\dot{\Phi}=-H_\phi=\left(\frac{\Theta^2}{\rho^2}\right)\frac{\cos\phi}{\sin^3\phi}$$

显然，角动量的 $\mathbf{q}_3$ 分量 $\Theta$ 是一个积分，但是是由

$$G^2=\frac{\Theta^2}{\sin^2\phi}+\Phi^2 \tag{3.30}$$

定义的 $G$. 后面，我们将说明 $G$ 是总角动量的幅值.

现在在这些坐标中不变平面是什么呢？一个过原点的平面方程的形式为 $\alpha\mathbf{q}_1+\beta\mathbf{q}_2+\gamma\mathbf{q}_3=0$ 或用空间坐标表示

$$\alpha\sin\phi\cos\theta+\beta\sin\phi\sin\theta+\gamma\cos\phi=0$$

或

$$a\sin(\theta-\theta_0)=b\cot\phi$$

假设该平面与 $\mathbf{q}_1\mathbf{q}_2$ 平面相交于过原点的线上，其极角 $\theta=\Omega$(交点的经度)，且相对 $\mathbf{q}_1\mathbf{q}_2$ 平面倾斜角 $i$(倾角).

当 $\theta=\Omega,\phi=\pi/2$ 时，可以取 $\theta_0=\Omega$. 令 $\phi_m$ 是在该平面上取的 $\phi$ 的极小值是，所以 $\phi_m+i=\pi/2$. $\phi_m$ 给出 $\cot\phi$ 的极大值. 且 sin 的极大值为 $+1$. 因而 $a=b\cot\phi_m$ 或 $a\sin\phi_m=b\cos\phi_m$. 取 $a=\cos\phi_m=\sin i$ 和 $b=\sin\phi_m=\cos i$. 因此空间坐标中交点经度为 $\Omega$，倾角为 $i$ 的平面方程是

$$\sin i\sin(\theta-\Omega)=\cos i\cot\phi$$

用(3.30) 解 $\Phi$，将其代入 $\phi$ 的方程，那么由 $\dot{\phi}$ 和 $\dot{\theta}$ 的方程中消去 $\rho^2$，得到

$$\dot{\phi}=\frac{\Phi}{\rho^2}=\left\{G^2-\frac{\Theta^2}{\sin^2\phi}\right\}^{1/2}\frac{1}{\rho^2}=\left\{G^2-\frac{\Theta^2}{\sin^2\phi}\right\}^{1/2}\left\{\frac{\sin^2\phi\dot{\theta}}{\Theta}\right\}$$

分离变量，并且当 $\phi=\pi/2$ 设 $\theta=\Omega$，所以 $\Omega$ 是交点的经度. 因此

$$\int_0^\phi\left\{G^2-\frac{\Theta^2}{\sin^2\phi}\right\}^{-1/2}\sin^{-2}\phi\,\mathrm{d}\phi=\int_\Omega^\theta\Theta^{-1}\mathrm{d}\theta=(\theta-\Omega)/\Theta-$$

$$\int_0^u \{G^2 - \Theta^2(1+u^2)\}^{-1/2}\mathrm{d}u =$$

$$-\Theta^{-1}\int_0^u \{\beta^2 - u^2\}^{-1/2}\mathrm{d}u =$$

$$\Theta^{-1}\sin^{-1}(u/\beta)$$

第一次置换的是 $u = \cot\phi$ 和 $\beta^2 = (G^2 - \Theta^2)/\Theta^2$ 的 $\beta$. 因此

$$-\cot\phi = \pm\beta\sin(\theta - \Omega)$$

最终

$$\cos i\cot\phi = \sin i\sin(\theta - \Omega) \tag{3.31}$$

式中

$$\beta^2 = \frac{G^2 - \Theta^2}{\Theta^2} = \tan^2 i = \frac{\sin^2 i}{\cos^2 i} \tag{3.32}$$

方程(3.31)是不变平面方程. 上面给出 $\Theta = \pm G\cos i$. 由于 $i$ 是倾角. $\Theta$ 是角动量的 $z$ 分量,这就意味着 $G$ 是总角动量的幅值. 在上面取 $\theta_0$ 为交点的经度 $\Omega$.

## 3.9 辛标度

如果代替满足(3.5)的变换 $Z = T(t,z)$ 满足

$$\mu J = \frac{\partial T^{\mathrm{T}}}{\partial z} J \frac{\partial T}{\partial z}$$

式中 $\mu$ 是某一非零常数,那么 $Z = T(t,z)$ 被称作具有 $\mu$ 的辛变换(映射,变量变换等). 方程(3.3)变为

$$\dot{Z} = \mu J\nabla_Z H(t,Z) + J\nabla_Z R(t,Z)$$

式中所有符号的含意与前同. 在与时间无关情况中,只将哈密顿函数乘以 $\mu$. 看一下它的简单应用.

考虑在原点处有临界点的哈密顿函数,那么

$$H(z) = \frac{1}{2}z^{\mathrm{T}}Sz + K(z)$$

式中 $S$ 是 $H$ 在 $z = 0$ 处的 Hessian 算子,$K$ 沿其在原点处的一次和二次偏微分而趋于零. 变量变换 $z = \varepsilon Z$ 或 $Z = T(z) = \varepsilon^{-1}z$ 是乘子为 $\varepsilon^{-2}$ 的辛变量变换,所以哈密顿函数变为

$$H(Z) = \frac{1}{2}Z^{\mathrm{T}}SZ + \varepsilon^{-2}K(\varepsilon Z) = \frac{1}{2}Z^{\mathrm{T}}SZ + O(\varepsilon)$$

式中使用了扰动理论的经典符号 $O(\varepsilon)$. 由于 $K$ 在原点处至少是三阶的,存在一常数 $C$ 使得在原点领域内的 $Z$ 和小参量 $\varepsilon$ 来说 $|\varepsilon^{-2}K(\varepsilon Z)| \leqslant C\varepsilon$,可记为

$\varepsilon^{-2}K(\varepsilon Z)=O(\varepsilon)$. 运动方程变为

$$\dot{Z}=AZ+O(\varepsilon)$$
$$A=JS$$

如果 $\|Z\|$ 大约为1,$\varepsilon$ 是小量,那么 $z$ 是小量. 因此以上的变换在研究临界点附近的方程中是有用的. $\varepsilon$ 最低阶方程是线性的,那么,接近于临界点,线性项是最重要的项. 这是一个被称作标度变量的例子,$\varepsilon$ 被称作标度参数. 为了避免增加符号. 常用 $z\to\varepsilon z$ 来标度,这意指各处用 $\varepsilon z$ 代替 $z$. 它的效果是将 $Z$ 变换回 $z$. 必须记住,标度是真的变换变量.

## 3.10 问题

1. 说明 $2\times 2$ 矩阵 $T$ 是辛的,当且仅当 $\det T=1$.

2. 说明如果 $T$ 和 $S$ 都是辛矩阵,那么 $T^{-1}$,$T^{\mathrm{T}}$ 和 $TS$ 也是.

3. 求旋转极坐标中的开普勒问题的平衡点. 在非旋转坐标中这些平衡态对应什么? 分析有关平衡态的线性化方程.

4. 旋转球坐标中开普勒问题的哈密顿函数是什么?

5. 雅可比极坐标(3.26) 中三体问题的哈密顿函数只依赖于 $\theta_2-\theta_1$. 进行变量的辛变换

$$\phi_1=\theta_1$$
$$\phi_2=\theta_2-\theta_1$$
$$\Phi_1=\Theta_1+\Theta_2$$
$$\Phi_2=\Theta_2$$

说明哈密顿函数与 $\phi_1$ 无关(它是一个可忽略的坐标),且其共轭,即总角动量 $\Phi_1$ 是一个常值.

6. 说明对于开普勒问题,角动量为零,$\mathbf{O}=0$ 时,运动是共线的. 明确解一下这种情况中的开普勒问题.

7. 说明由 $H\to\nu^{-1}t$ 标度哈密顿函数其效果如用 $t\to\nu t$ 标度时间.

# 第四章 中心构形

$N > 2$ 的 $N$ 体问题抵制所有试图求解的尝试,确定普遍相信此问题在经典意义上是不可积分的. 这些年来,使用各种数学方法求出了许多特解. 本章利用由来已久的估测法求确定解.

这些解被称作中心构形解,由于几种理由在天体力学中是重要的. 由于 $N$ 体问题的各质点趋向碰撞或延展到无穷远,各质点的位置趋向一个中心构形 —— 见文献[70]. 对我们来说,平面中心构形带来简单周期解,它们将在后续章节中,用于构建其他周期解.

## 4.1 平衡解

首先应该寻找的最简单形式的解是平衡解. 由(2.1)或式(2.3),平衡解要满足

$$\frac{\partial \mathbf{U}}{\partial \mathbf{q}_i} = 0, i = 1, \cdots, N \tag{4.1}$$

然而 $\mathbf{U}$ 是负一次齐次函数,故由齐次函数的欧拉定理

$$\sum \mathbf{q}_i \frac{\partial \mathbf{U}}{\partial \mathbf{q}_i} = -\mathbf{U} \tag{4.2}$$

由于 $\mathbf{U}$ 是正项的和,是正的,但是根据式(4.1),式(4.2)的左端为零,是矛盾的. 因此存在 $N$ 体问题的不平衡解.

## 4.2 中心构形方程

为求式(2.1)的共线解,尝试 $\mathbf{q}_i(t)=\phi(t)\mathbf{a}_i$,这里 $\mathbf{a}_i$ 是 $\mathbf{R}^2$ 和 $\mathbf{R}^3$ 中的常矢量,$\phi(t)$ 是标量函数. 代入式(2.1)并整理得

$$|\phi|^3\phi^{-1}\ddot{\phi}m_i\mathbf{a}_i=\sum_{j=1,j\neq i}^{N}\frac{m_im_j(\mathbf{a}_j-\mathbf{a}_i)}{\|\mathbf{a}_j-\mathbf{a}_i\|^3} \tag{4.3}$$

由于右端是常值,左端也必须是常值,因此如果存在标量函数 $\phi(t)$,常数 $\lambda$ 和常矢量 $\mathbf{a}_i$ 使得

$$\ddot{\phi}=-\frac{\lambda\phi}{|\phi|^3} \tag{4.4}$$

和

$$-\lambda m_i\mathbf{a}_i=\sum_{j=1,j\neq i}^{N}\frac{m_im_j(\mathbf{a}_j-\mathbf{a}_i)}{\|\mathbf{a}_j-\mathbf{a}_i\|^3},i=1,\cdots,N \tag{4.5}$$

那么式(4.3)有解. 方程(4.4)是简单的常微分方程(一维开普勒问题!),并且它有许多解. 例如一个解为 $\alpha t^{2/3}$,这里 $\alpha^3=9\lambda/2$. 这个解随 $t$ 从零到无穷也从零变到无穷. 式(4.4)的完整分析留给问题处理. 方程(4.5)是非平凡非线性代数方程组. 可知的只是 $N=2,3$ 时的完整解,但已知存在许多特解. 对于某些 $\lambda$ 由常矢量 $\mathbf{a}_1,\cdots,\mathbf{a}_N$ 给出的 $N$ 个质点满足式(4.5)的构形被称作中心构形. 中心构形在 $N$ 体问题的整体退化研究中是重要的,因为它可以展示当它们趋向整体退化时 $N$ 个质点的极限构形是一个中心构形.

注意到任一等分标度的中心构形同样是这一中心构形. 为了度量 $N$ 体问题的大小,定义系统的惯量矩为

$$\mathbf{I}=\frac{1}{2}\sum_{i=1}^{N}m_i\|\mathbf{q}_i\|^2 \tag{4.6}$$

现在式(4.5)可以重写为

$$\frac{\partial\mathbf{U}}{\partial\mathbf{q}}(\mathbf{a})+\lambda\frac{\partial\mathbf{I}}{\partial\mathbf{q}}(\mathbf{a})=0 \tag{4.7}$$

式中 $\mathbf{q}=(\mathbf{q}_1,\cdots,\mathbf{q}_N)$ 和 $\mathbf{a}=(\mathbf{a}_1,\cdots,\mathbf{a}_N)$. 常数 $\lambda$ 可认为是拉格朗日乘子,因此中心构形是自势 $\mathbf{U}$ 限制到常值惯量矩流形 $\mathbf{I}=\mathbf{I}_0$ 上的临界点,为一常数. 固定的 $\mathbf{I}_0$ 就固定了标度.

假设 $\mathbf{a}$ 是中心构形. $\mathbf{U}$ 是负一次齐次函数,$\mathbf{I}$ 是正二次齐次函数. 将矢量 $\mathbf{a}$ 与式(4.7)的方程取点积,并应用齐次函数的欧拉定理,求出 $-\mathbf{U}+2\lambda\mathbf{I}=0$ 或

$$\lambda = \frac{\mathbf{U}(\mathbf{a})}{2\mathbf{I}(\mathbf{a})} > 0 \tag{4.8}$$

式(4.5)在 $i$ 上累加得出 $\sum m_i \mathbf{a}_i = 0$,所以质心位于原点. 如果 $A$ 是一个在一般情况为 $3 \times 3$ 或在平面情况为 $2 \times 2$ 的正交矩阵,那么显然 $A\mathbf{a} = (A\mathbf{a}_1, \cdots, A\mathbf{a}_N)$ 也是一个具有相同 $\lambda$ 的中心构形. 如果 $\tau \neq 0$,那么$(\tau\mathbf{a}_1, \tau\mathbf{a}_2, \cdots, \tau\mathbf{a}_N)$ 也是具有 $\lambda$ 的中心构形,只是 $\lambda$ 由 $\lambda/\tau^3$ 替换. 因此任何一个类似中心构形的构形都是一个中心构形. 当计算中心构形时,只计算相似类.

## 4.3 相对平衡

现在考虑平面 $N$ 体问题,所有的矢量均在 $\mathbf{R}^2$ 内. 考虑 $\mathbf{q}_i, \mathbf{p}_i$ 等作为复数来识别带复平面 $\mathbf{C}$ 的 $\mathbf{R}^2$. 通过令 $\mathbf{q}_i(t) = \phi(t)\mathbf{a}_i$ 求式(2.1)的对应解,这里 $\mathbf{a}_i$ 是常值复数,$\phi(t)$ 是不定常复值函数. 几何学上,乘复数是放大或扩展后的旋转,也就是对应性. 因而寻求一个解使得质点的构形总是与固定构形对应相等. 将这一猜测代入式(2.1)整理相同的方程(4.3),同样的论证给出方程(4.4)和方程(4.5),方程(4.4)是二维开普勒问题. 也就是说,如果式(4.5)的解,在此式中 $\mathbf{a}_i$ 是平面的,那么就存在 $N$ 体问题的解,其形式为 $\mathbf{q}_i = \phi(t)\mathbf{a}_i$,这里 $\phi(t)$ 是平面开普勒问题,例如圆型开普勒问题、椭圆型开普勒问题等的任意解.

考虑旋转坐标系 $q_1, \cdots, q_N, p_1, \cdots, p_N$ 中的 $N$ 体问题(3.9). 旋转坐标系中的 $N$ 体问题的平衡解 $q_i = a_i, p_i = b_i$ 被称作相对平衡,并且必须满足

$$\frac{b_i}{m_i} + \omega J a_i = 0$$

$$\omega J b_i + \sum_{j=1, j\neq i}^{N} \frac{m_i m_j (a_j - a_i)}{\| a_j - a_i \|^3}, i = 1, \cdots, N$$

和 $a_i$ 必须满足

$$-\omega^2 m_i a_i = \sum_{j=1, j\neq i}^{N} \frac{m_i m_j (a_j - a_i)}{\| a_j - a_i \|^3}, i = 1, \cdots, N$$

这与带有 $\lambda = \omega^2$ 的式(4.5)是一样的. 因而平面中的构形带来相对平衡.

有关相对平衡点运动方程线性化的特征值被称作相对平衡指数,线性化方程的特征多项式被称作相对平衡的特征多项式. 在旋转雅可比坐标系中质心在原点的$(g_N = 0)$和线动量为零$(G_N = 0)$的四维辛子空间是不变量,并且式(3.23)是此子空间上的运动方程. 方程(3.23)是线性的,并且这一系统的特征多项式是$(\lambda^2 + 1)^2$. 因而相对平衡的特征多项式 $p(\lambda)$ 有一个$(\lambda^2 + 1)^2$ 因子.

# 4.4 拉格朗日解

考虑平面三体问题的中心构形公式(4.5). 求六个未知量,对于 $\mathbf{a}_1,\mathbf{a}_2,\mathbf{a}_3$ 来说,每个都有两个分量. 如果我们将质心保持在原点就可以消去两个变量;如果我们固定惯量矩 $\mathbf{I}$,就可以降低一维;如果识别出只相差旋转的两个构形,就可以再降低一维. 因而在理论上我们可以将问题降低四维,使得我们有在二维流形上寻找函数临界点的问题. 通常,简化是困难的,但是有适用于平面三体问题的窍门.

假设$\rho_{ij}=\|\mathbf{q}_i-\mathbf{q}_j\|$ 代表第$i$个和第$j$个质量间的距离. 一旦质心固定在原点,并且两个旋转等量构形确定的,那么三个变量 $\rho_{12},\rho_{23},\rho_{31}$ 是接近一个非共线构形的局部坐标. 函数 $\mathbf{U}$ 用三个变量表示

$$\mathbf{U}=\left(\frac{m_1m_2}{\rho_{12}}+\frac{m_2m_3}{\rho_{23}}+\frac{m_3m_1}{\rho_{31}}\right) \tag{4.9}$$

令 $M$ 是总质量,即 $M=\sum m_i$,并假设质心在原点,那么

$$\begin{aligned}\sum_i\sum_j m_im_j\rho_{ij}^2 &= \sum_i\sum_j m_im_j\|\mathbf{q}_i-\mathbf{q}_j\|^2 = \\ &\sum_i\sum_j m_im_j\|\mathbf{q}_i\|^2-2\sum_i\sum_j m_im_j(\mathbf{q}_i,\mathbf{q}_j)+ \\ &\sum_i\sum_j m_im_j\|\mathbf{q}_j\|^2= \\ &2M\mathbf{I}-2\sum_i m_i(\mathbf{q}_i,\sum_j m_j\mathbf{q}_j)+2M\mathbf{I}= \\ &4M\mathbf{I}\end{aligned}$$

因而如果质心固定在原点,那么

$$\mathbf{I}=\frac{1}{4M}\sum_i\sum_j m_im_j\rho_{ij}^2 \tag{4.10}$$

所以 $\mathbf{I}$ 也可以用相互距离表示. 与保持 $\bar{\mathbf{I}}=\frac{1}{2}(m_1m_2\rho_{12}^2+m_2m_3\rho_{23}^2+m_3m_1\rho_{31}^2)$ 固定一样保持 $\mathbf{I}$ 固定. 因而在 $\bar{\mathbf{I}}=$ 常数的集合上 $\mathbf{U}$ 有临界点的条件是

$$-\frac{m_im_j}{\rho_{ij}^2}+\lambda m_im_j\rho_{ij}=0,(i,j)=(1,2),(2,3),(3,1) \tag{4.11}$$

它显然有其唯一解 $\rho_{12}=\rho_{23}=\rho_{31}=\lambda^{-1/3}$,这一解是带有作为标度参数 $\lambda$ 的等边三角形,它归功于拉格朗日.

**定理 4.4.1** 对于任意质量值,对于三体问题来说,有且只有两个非共线中心构形,即等边三角形顶点上的三个质点. 当由质量标示时,两个解对应三角形的两个方位.

等边三角形中心构形是自势$\mathbf{U}$的非退化最小值，这一点在这些坐标中通常是可见的.

## 4.5 欧拉 - 莫尔顿解

考虑共线$N$体问题，所以$\mathbf{q}=(\mathbf{q}_1,\cdots,\mathbf{q}_N)\in\mathbf{R}^N$. 设$S'=\{\mathbf{q}\in\mathbf{R}^N:\mathbf{I}(\mathbf{q})=1\}$为$\mathbf{R}^N$中$N-1$维的椭球或拓扑球；设$G=\{\mathbf{c}(\mathbf{q})=\sum m_i\mathbf{q}_i=0\}$为$\mathbf{R}^N$中$N-1$维的平面；令$S=S'\cap G$为平面$G$中$N-2$维球.（见图4.1，这里$N=3$，$S'$是一个双球，$G$是一个平面，$S$是一个大圆.）令$\Delta'_{ij}=\{\mathbf{q}\in\mathbf{R}^N:\mathbf{q}_i=\mathbf{q}_j\}$和$\Delta'=\cup\Delta'_{ij}$，所以$\mathbf{U}$被定义，并在$\mathbf{R}^N\backslash\Delta'$上是光滑的. 由于$\Delta'$是过原点平面的并集，它与用$\Delta$表示的$N-3$维球相交于$S$.

假设$u$是$\mathbf{U}$对$S\backslash\Delta$的约束，那么$u$的临界点是一个中心构形. 注意到$S\backslash\Delta$有$N!$个连通分支. 这是因为$S\backslash\Delta$的分支对应$\mathbf{q}_i$的特殊排序. 就是说，对于每个连通分支，都有一个排序$\mathbf{q}_{i_1}<\mathbf{q}_{i_2}<\cdots<\mathbf{q}_{i_N}$，这里$(i_1,i_2,\cdots,i_N)$是$1,2,\cdots,N$的排列. 有$N!$个这样的排列. 由于像$\mathbf{q}\to\Delta$一样，$u\to\infty$，那么对于每个连通分支，函数$u$至少有一个极小值. 这样就有至少$N!$个临界点.

令$a$是$u$的一个临界点，那么$a$满足式(4.5)并且$\lambda=\mathbf{U}(a)/2\mathbf{I}(a)$. $u$在$a$点在$v=(v_1,\cdots,v_N)\in T_aS$方向上的导数是（这里$T_aS$是$S$在$a$点的切空间）

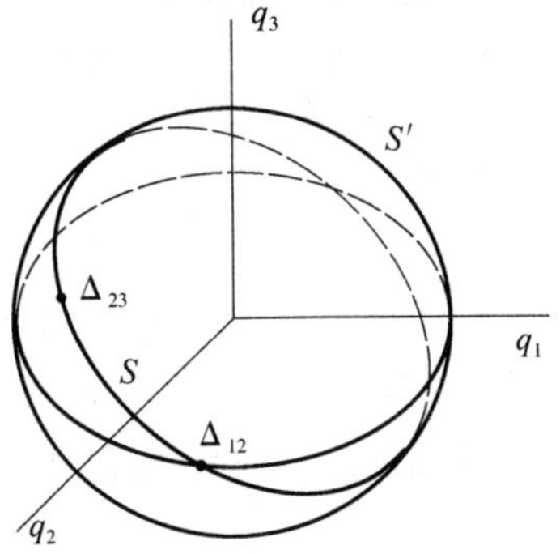


图4.1 $N=3$的空间$S'$和$S$

$$DU(a)(v)=-\sum\frac{m_im_j(v_j-v_i)}{|\mathbf{a}_j-\mathbf{a}_i|}+\lambda\sum m_i\mathbf{a}_iv_i \tag{4.12}$$

并且二次导数为

$$D^2U(a)(v,w)=2\sum\frac{m_im_j}{|\mathbf{a}_j-\mathbf{a}_i|^3}((w_j-w_i)(v_j-v_i))+\lambda\sum m_iw_iv_i \tag{4.13}$$

由上面当 $v \neq 0$ 时 $D^2U(a)(v,v)>0$,所以海赛函数在临界点上是正定的. 并且每个这样的临界点是 $U$ 的极小值. 因此在每个连通分支上可能只有一个临界点,或者有 $N!$ 个临界点.

在上面临界点计算中,我们没有从问题中移除对称性. 唯一的一维正交变换是一个在原点的反射. 因此,计算了中心构形及其反射,我们再计算一次,因而有

**定理 4.5.1**(欧拉 - 莫尔特)　在 $N$ 体问题中恰好存在 $N!/2$ 个共线中心构形,为质量在线上的每次排列.

这些中心构形只有在线上才是 $u$ 的极小值. 可以说明它们在平面问题中是鞍点.

## 4.6 中心构形坐标

考虑平面情况. 如果 $(\mathbf{a}_1,\cdots,\mathbf{a}_N)$ 是一个中心构形,那么 $(\alpha\mathbf{A}\mathbf{a}_1,\cdots,\alpha\mathbf{A}\mathbf{a}_N)$ 也是一个中心构形,这里 $\alpha$ 是非零标量,$A\in SO(2,\mathbf{R})$ 是 $2\times 2$ 旋转矩阵集合. 由于 $\mathbf{R}^{2N}$ 中原点是中心构形的极限,我们也将它考虑为一个中心构形. 因此一个中心构形产生一个中心构形集合 $C_a=\{(\alpha\mathbf{A}\mathbf{a}_1,\cdots,\alpha\mathbf{A}\mathbf{a}_N):\alpha\in\mathbf{R},\mathbf{A}\in SO(2,\mathbf{R})\}$. 不是所有 $\mathbf{a}_j$ 为零,所以假设 $\mathbf{a}_1$ 不为零. 因而 $\{\alpha\mathbf{A}\mathbf{a}_1:\alpha\in\mathbf{R},\mathbf{A}\in SO(2,\mathbf{R})\}$ 显然是一个平面,并且这一集合与 $C_a$ 同构. 因此 $C_a$ 是一个 $\mathbf{R}^{2N}$ 的二维线性子空间.

运动方程容许角动量

$$\mathbf{O}=\sum_{j=1}^{N}\mathbf{q}_j^{\mathrm{T}}J\mathbf{p}_j \tag{4.14}$$

作为一个积分. 定义一个临界集合 $\mathscr{K}\in\mathbf{R}^{4N}$,它中的集合 $\nabla\mathbf{H}$ 和 $\nabla\mathbf{O}$ 是不独立的,也就是

$$\mathscr{K}=\{(\mathbf{q},\mathbf{p})\in\mathbf{R}^{4N}\backslash\Delta:\alpha\nabla\mathbf{H}(\mathbf{q},\mathbf{p})+\beta\nabla\mathbf{O}(\mathbf{q},\mathbf{p})=0,\alpha,\beta\in\mathbf{R},\alpha^2+\beta^2=1\} \tag{4.15}$$

由于 $\nabla\mathbf{H}$ 从不为零,$\nabla\mathbf{O}$ 只在原点为零,它用于搜索 $\alpha$ 和 $\beta$ 全不为零的解是足够用的. 当且仅当

$$\alpha\frac{\partial\mathbf{U}}{\partial\mathbf{q}_i}+\beta J\mathbf{p}_j=0,\frac{\partial\mathbf{p}_j}{m_j}=\beta J\mathbf{q}_j \tag{4.16}$$

点 $(\mathbf{q},\mathbf{p})=(\mathbf{a},\mathbf{b})$ 是在临界集合 $\mathscr{K}$ 中. 如果 $(\mathbf{a},\mathbf{b})\in\mathscr{K}$,那么 $\mathbf{a}=(\mathbf{a}_1,\cdots,\mathbf{a}_N)$ 是一个中心构形,并且 $(\mathbf{a},\mathbf{b})$ 是一个相对平衡点.

令 $\mathbf{a}=(\mathbf{a}_1,\cdots,\mathbf{a}_N)$ 是特殊标度的中心构形使得 $\sum m_j\|\mathbf{a}_j\|=1$. 如上面一

样,令 $C'=\{(\alpha\mathbf{A}\mathbf{a}_1,\cdots,\alpha\mathbf{A}\mathbf{a}_N):\alpha\in\mathbf{R},A\in SO(2,\mathbf{R})\}$ 通过

$$C'=\{(\alpha\mathbf{A}\mathbf{a}_1,\cdots,\alpha\mathbf{A}\mathbf{a}_N;\beta\mathbf{B}m_1\mathbf{a}_1,\cdots,\beta\mathbf{B}m_N\mathbf{a}_N):\alpha,\beta\in\mathbf{R},\mathbf{A},\mathbf{B}\in SO(2,\mathbf{R})\}$$

定义 $C'$ 为 $\mathbf{R}^{4N}$ 的子集.

**命题 4.6.1** $C'$ 是 $\mathbf{R}^{4N}$ 的四维不变线性辛子空间

**证明** 对于 $C'$ 的辛基是

$$u_1=(\mathbf{a}_1,\cdots,\mathbf{a}_N;0,\cdots,0)$$
$$u_2=(J\mathbf{a}_1,\cdots,J\mathbf{a}_N;0,\cdots,0)$$
$$v_1=(0,\cdots,0;m_1\mathbf{a}_1,\cdots,m_N\mathbf{a}_N)$$
$$v_2=(0,\cdots,0;m_1J\mathbf{a}_1,\cdots,m_NJ\mathbf{a}_N)$$

因而 $C'$ 是 $\mathbf{R}^{4N}$ 的四维线性辛子空间.

暂时将矢量 $\mathbf{q}_i,\mathbf{p}_i$ 等看作是复数. 那么集合 $C'$ 由

$$C'=\{(\mathbf{z}\mathbf{a}_1,\cdots,\mathbf{z}\mathbf{a}_N;\mathbf{w}m_1\mathbf{a}_1,\cdots,\mathbf{w}m_N\mathbf{a}_N):\mathbf{z},\mathbf{w}\in\mathbf{C}\}$$

定义. 假设 $(\mathbf{z}_0\mathbf{a}_1,\cdots,\mathbf{z}_0a_N;\mathbf{w}_0m_1\mathbf{a}_1,\cdots,\mathbf{w}_0m_N\mathbf{a}_N),\mathbf{z}_0,\mathbf{w}_0\in\mathbf{C},\mathbf{z}_0\neq0$ 是 $C'$ 中的任意点,并假设 $\mathbf{z}(t),\mathbf{w}(t)$ 是开普勒问题的解

$$\dot{\mathbf{z}}=\mathbf{w},\dot{\mathbf{w}}=-\mathbf{z}/|\mathbf{z}|^3 \tag{4.18}$$

当 $t=0$ 时,始于 $\mathbf{z}_0,\mathbf{w}_0$ 点. 那么易证

$$\mathbf{V}(t)=(\mathbf{q}(t),\mathbf{p}(t))=(\mathbf{z}(t)\mathbf{a}_1,\cdots,\mathbf{z}(t)\mathbf{a}_N;\mathbf{w}(t)m_1\mathbf{a}_1,\cdots,\mathbf{w}(t)m_N\mathbf{a}_N)$$

是固定坐标系中 $N$ 体问题运动方程的解,显然对于所有 $t,V(t)\in C'$. 这就证明 $C'$ 是不变量.

**命题 4.6.2** 对于 $C'$ 存在辛坐标 $(\mathbf{z},\mathbf{w})$,对于 $\varepsilon'=\{x\in\mathbf{R}^{4N}:\{x,C'\}=0\}$ 存在辛坐标 $(\mathbf{Z},\mathbf{W})$,所以 $(\mathbf{z},\mathbf{Z};\mathbf{w},\mathbf{W})$ 是 $\mathbf{R}^{4N}$ 的辛坐标,并且 $N$ 体问题的哈密顿函数 $\mathbf{H}(\mathbf{z},\mathbf{Z};\mathbf{w},\mathbf{W})$ 具有特性:

$$\partial\mathbf{H}(z,0;w,0)/\partial\mathbf{Z}=0$$
$$\partial\mathbf{H}(z,0;w,0)/\partial\mathbf{W}=0$$
$$\mathbf{H}(\mathbf{z},0;\mathbf{w},0)=\mathbf{H}_K(\mathbf{z},\mathbf{w})=\frac{1}{2}\|\mathbf{w}\|^2-\frac{1}{\|\mathbf{z}\|} \tag{4.19}$$

**证明** 由于 $C'$ 是辛的,$\varepsilon'$ 也是辛的,并且 $\mathbf{R}^{4N}=C'\oplus\varepsilon'$—— 见 Meyer 和 Hall[51] 第 43 页. 因而或(4.17) 中的矢量可以扩展到具有 $\varepsilon'$ 的辛基 $u_3,\cdots,u_{2N};v_3,\cdots,v_{2N}$ 的辛基 $u_1,\cdots,u_{2N};v_1,\cdots,v_{2N}$ 上. 给定这一基,正如命题4.6.1 的证明中一样,令 $\mathbf{z},\mathbf{w}$ 是 $C'$ 的辛坐标,$\mathbf{Z},\mathbf{W}$ 是 $\varepsilon'$ 的辛坐标. 式(4.19) 中的前两个方程简单说明 $C'$ 是不变量,最后一个方程说明在 $C'$ 中的 $\mathbf{z},\mathbf{w}$ 坐标中,运动是开普勒问题(4.18) 运动. $\mathbf{H}_K$ 正是开普勒问题的哈密顿函数.

**备注** 以上讨论中大量使用复数乘法,因而只对平面问题有效. 对于 $\mathbf{R}^n$ 的通常情况可以使用实数. 在此情况中对应的 $C'$ 应该是 $\mathbf{R}^{2nN}$ 的二维不变线性辛子空间. 式(4.19) 中的坐标应是一维的.

对于$n=4$(分别地,$n=8$),可使用哈密顿四元数(凯莱数). 在这些情况中,对应的$C'$应是$\mathbf{R}^{8N}$($\mathbf{R}^{16N}$)的八(十六)维不变线性辛子空间. 式(4.19)中的坐标$\mathbf{z}$和$\mathbf{w}$应是四(八)维的.

以上给出的自变量使用的只是力场的均匀性,因此它通常遵从反幂律.

现在考虑旋转坐标中的问题,令$a=(a_1,\cdots,a_N)$是中心构形并且如上,$C=\{(\alpha Aa_1,\cdots,\alpha Aa_N)=\alpha\in\mathbf{R},A\in SO(2,\mathbf{R})\}$. $C$作为$\mathbf{R}^{4N}$的子集定义为

$$C=\{(\alpha Aa_1,\cdots,\alpha Aa_N;\beta Bm_1a_1,\cdots,\beta Bm_Na_N):\alpha,\beta\in\mathbf{R},A,B\in SO(2,\mathbf{R})\}$$

相同原因产生以下命题

**命题 4.6.3** $C$是$\mathbf{R}^{4N}$的四维不变线性辛子空间. 此外,存在$C$的辛坐标$(z,w)$和$\varepsilon=\{x\in\mathbf{R}^{4N}:\{x,C\}=0\}$的辛坐标,所以$(z,Z;w,W)$是$\mathbf{R}^{4N}$的辛坐标,并且$N$体问题的哈密顿函数$H(z,Z;w,W)$有特性:

$$\frac{\partial H(z,0;w,0)}{\partial Z}=0$$

$$\frac{\partial H(z,0;w,0)}{\partial W}=0$$

$$H(z,0;w,0)=H_K(z,w)=\frac{1}{2}\|w\|^2-z^{\mathrm{T}}Kw-\frac{1}{\|z\|}\tag{4.20}$$

现在考虑角动量,首先是在固定坐标系中的,然后是在旋转坐标系中的.

**命题 4.6.4** 在命题 4.6.2 的辛坐标$(\mathbf{z},\mathbf{Z};\mathbf{w},\mathbf{W})$中,角动量的形式为

$$\mathbf{O}=\mathbf{z}^{\mathrm{T}}J\mathbf{w}+(\mathbf{Z}^{\mathrm{T}},\mathbf{W}^{\mathrm{T}})B(\mathbf{Z}^{\mathrm{T}},\mathbf{W}^{\mathrm{T}})^{\mathrm{T}}\tag{4.21}$$

式中,$B$是$(4N-4)\times(4N-4)$维斜对称矩阵. 在命题 4.6.3 的辛坐标$(z,Z;w,W)$中,角动量的形式为

$$O=z^{\mathrm{T}}Jw+(Z^{\mathrm{T}},W^{\mathrm{T}})B(Z^{\mathrm{T}},W^{\mathrm{T}})^{\mathrm{T}}\tag{4.22}$$

式中$B$是$(4N-4)\times(4N-4)$维斜对称矩阵.

**证明** 再一次使用复数记法,并考虑旋转坐标系的情况,因为两种情况本质上是相同的. 再调用$O=\sum q_j^{\mathrm{T}}Jp_j=\sum\tilde{S}\bar{q}_jp_j$. 当$Z=W=0$时,有$q_j=za_j$和$p_j=m_jwa_j$,所以$O=\tilde{S}\bar{z}w\sum m_j|a_j|^2=\tilde{S}\bar{z}w$. (这里$\tilde{S}$代表一个复数的虚部.)

由于不变子空间$C'$(分别地,$C$)上的哈密顿函数正是固定坐标(旋转坐标)中开普勒问题的哈密顿函数,存在许多使运动方程简化的特殊坐标系. 一个有用的特殊坐标系是庞加莱元素——见 Meyer 和 Hall[51] 或 Szebehely[86]. 这些坐标在圆轨道的邻域内是有效的. 在非旋转坐标系,开普勒问题的哈密顿函数用庞加莱元素表示为

$$\mathbf{H}_K(\mathbf{Q}_1,\mathbf{Q}_2,\mathbf{P}_1,\mathbf{P}_2)=-1/2\mathbf{P}_1^2\tag{4.23}$$

并且在旋转坐标系中它为

$$H_K(Q_1,Q_2;P_1,P_2)=-1/2P_1^2-P_1+\frac{1}{2}(Q_2^2+P_2^2)\tag{4.24}$$

在上面,$\mathbf{Q}_1$ 是以模 $2\pi$ 定义的角变量,其他变量是直角坐标变量. 用这些变量表示的角动量为

$$\mathbf{O}_K = \mathbf{P}_1 - (\mathbf{Q}_2^2 + \mathbf{P}_2^2), O_K = P_1 - (Q_2^2 + P_2^2) \tag{4.25}$$

注意到 $\mathbf{Q}_2 = \mathbf{P}_2 = 0$ 和 $Q_2 = P_2 = 0$ 对应开普勒问题圆轨道.

**命题 4.6.5** 考虑固定坐标系中 $N$ 体问题的不动中心构形. 此中心构形在圆轨道上绕质心匀速旋转的天体所在位置产生一个周期解 $\mathbf{V}_a(t)$. 令 $\mathbf{V}_a(t)$ 的周期是 $\mathbf{T}_a$,并且 $V$ 的能量是 $\mathbf{H}_a$. 在固定能量表面 $\mathbf{H} = \mathbf{H}_a$,存在一个包含 $\mathbf{V}_a$ 的不变三维流形并富含周期解,所有周期正好为 $\mathbf{T}_a$. 事实上,这一集合为具有 $\mathbf{H} = \mathbf{H}_K$ 的 $C'$ 固定在 $\mathbf{H}_a$ 上的子集.

**证明** 已知椭圆解的周期只依赖于能量值. 可对用庞加莱元素表示的问题积分.

我们指出 $(\lambda^2 + 1)^2$ 是相对平衡态特征多项式的一个因子,但也存在其他已知因子. 考虑在命题 4.6.3 中给出的不变子空间上的系统. 在旋转坐标系中的开普勒问题的哈密顿函数用极坐标表示为

$$H_K = \frac{1}{2}\left(R^2 + \frac{\Theta^2}{r^2}\right) - \Theta - \frac{1}{r} \tag{4.26}$$

当角动量 $\Theta = +1$ 时,圆轨道是由任意 $\theta, r = 1, \Theta = 1, R = 0$ 给出的平衡点. 有关这一周期解的线性化方程为

$$\dot{\theta} = \Theta - 2r, \dot{\Theta} = 0, \dot{r} = R, \dot{R} = -r + 2\Theta \tag{4.27}$$

这一系统的特征方程是 $\lambda^2(\lambda^2 + 1)$. 因此我们示出

**命题 4.6.6** 相对平衡态的特征多项式 $p(\lambda)$ 有因子 $\lambda^2(\lambda^2 + 1)^3$.

令 $p(\lambda) = \lambda^2(\lambda^2 + 1)^3 r(\lambda)$. 如果 $r(\lambda)$ 的根没有零,那么相对平衡将被称作非退化的,如果 $r(\lambda)$ 没有 $ni$ 形式的零,这里 $n$ 是整数,那么相对平衡被称作非谐振的. 对于二体问题,我们有 $p(\lambda) = \lambda^2(\lambda^2 + 1)^3$,所以相对平衡是非谐振的. 莫尔顿共线相对平衡对于所有 $N$ 来说都是非退化的——见 Pacella[62]. 对于三体问题的拉格朗日等边三角形相对平衡点和欧拉共线相对平衡点通过 Siegel 和 Moser[81] 第 18 节中的分析都是非谐振的.

## 4.7 问题

1. 当 $\phi(t)$ 是实标量时,方程(4.4) 是单自由度哈密顿系统. 它是一个具有哈密顿函数 $\mathbf{H} = \frac{1}{2}\|\mathbf{p}\|^2 - 1/\|\mathbf{q}\|$ 的一维开普勒问题. 在 $\mathbf{q}, \mathbf{p}$ 平面画出 $\mathbf{H}$ 的水平阶层曲线. 在方程 $\mathbf{H} = h$ 中,求解 $\mathbf{p} = \dot{\mathbf{q}}$,并在 $\mathbf{q}$ 的一阶方程中分离出变量.

因而你就求解出一维开普勒问题.

2. 说明对于任意一个质量值,对于四体问题存在两个也只有两个非共面中心构形,即具有两个方位的正四面体构形.(提示:重读拉格朗日解那一节.)

3. 考虑旋转坐标中(绕 $\mathbf{q}_3$ 轴旋转)空间开普勒问题. 求出相对平衡及其特征多项式.

4. 叙述并证明命题 4.6.6 的空间推广(提示:使用球坐标.)

# 第五章 对称、积分和约化

许多物理系统的数学模型具有特别的对称性，它的引入可使分析得以简化. 由于质点被假设成点质量，并且牛顿引力定律假设空间是均质与各向同性的这一实际情况，$N$ 体问题具有许多对称性. 对称性经常将退化引入到问题中，用以剖析问题，除非对称性被正确使用. 本章用于理解 $N$ 体问题的主对称性，即其在欧氏运动群下的不变性，并且使用这一对称性. 我们将接触到来自微分拓扑学的一些主题，但不作赘述. 某些证明将略述一下或由参考文献给出.

如上所述，$N$ 体问题有许多对称性. 总的来说，在微分方程中存在两类对称性，即离散对称性和连续对称性.

首先考虑几个具有离散对称性系统的例子. 开普勒问题是一个简单的例子. 回忆一下其运动方程

$$\dot{\mathbf{q}} = \mathbf{H}_{\mathbf{p}} = \mathbf{p}$$

$$\dot{\mathbf{p}} = -\mathbf{H}_{\mathbf{q}} = -\frac{\mu \mathbf{q}}{\|\mathbf{q}\|^3}$$

式中 $\mathbf{H}$ 是哈密顿函数

$$\mathbf{H} = \frac{1}{2}\|\mathbf{p}\|^2 - \frac{\mu}{\|\mathbf{q}\|}$$

哈密顿函数在$(\mathbf{q},\mathbf{p}) \to (\mathbf{q},-\mathbf{p})$反射下是不变量，这意味着如果$(\mathbf{q}(t),\mathbf{p}(t))$是其解，那么$(\mathbf{q}(-t),-\mathbf{p}(-t))$也是其解. 这是一个被许多哈密顿系统共享的特性，因为它们在动量上许多都是二次的（例如$N$体问题）. 这样的系统被称作可逆的. 注意到这一变换是反辛的，也就是辛型$\mathrm{d}\mathbf{q} \wedge \mathrm{d}\mathbf{p}$取为负数，或满足$A^{\mathrm{T}}JA=-J$，这里$A=\mathrm{diag}\{I,-I\}$. 哈密顿函数在$(\mathbf{q},\mathbf{p}) \to (-\mathbf{q},\mathbf{p})$变换下是不变量，具有相似含义.

第二个例子考虑限制性三体问题

$$H=\frac{\|p\|^2}{2}-q^{\mathrm{T}}Jp-U$$

式中$q,p \in \mathbf{R}^2$是共轭的，$U$是自势

$$U=\frac{\mu}{((q_1-1+\mu)^2+q_2^2)^{1/2}}+\frac{1-\mu}{((q_1+\mu)^2+q_2^2)^{1/2}}$$

它在反辛变换$(q_1,q_2,p_1,p_2) \to (q_1,-q_2,-p_1,p_2)$下是不变量. 这意味着如果$(q_1(t),q_2(t),p_1(t),p_2(t))$是其解，那么$(q_1(t),-q_2(t),-p_1(t),p_2(-t))$也是其解. 这又意味着如果限制性三体问题的解在$t=0$和$t=T \neq 0$时刻垂直穿过会合线（两个主天体的连线），那么此解是$2T$周期的这一判据被多次用于寻找限制性三体问题和其他问题的周期解. 这两个例子都被称作离散对称性.

此书不涉及使用离散对称性构建周期解. 首先，实际原因在于使用第一类对称性构建周期解是相等或更长篇幅书的主题；其次，理论原因在于不是所有系统容许这一类对称性，常常是这一类自变量给出不稳定性信息.

现在考虑几个容许连续对称性的系统. 开普勒问题在旋转下及反射下都是不变的，就是说，如果$A$是旋转矩阵，那么开普勒问题的哈密顿函数在变换$(\mathbf{q},\mathbf{p}) \to (A\mathbf{q},A\mathbf{p})$下是不变量. 注意这一变换是辛的. 这一不变量意味着如果$(\mathbf{q}(t),\mathbf{p}(t))$是开普勒问题的解，那么$(A\mathbf{q}(t),A\mathbf{p}(t))$也是其解. 由于存在一个旋转连续统，这一类对称性被称作连续对称性.

$N$体问题的哈密顿函数

$$\mathbf{H}=\sum_{i=1}^{N}\frac{\|\mathbf{p}_i\|^2}{2m_i}-\sum_{1\leqslant i<j\leqslant N}\frac{m_im_j}{\|\mathbf{q}_i-\mathbf{q}_j\|}$$

在欧氏运动，即转动和平动下是不变量. $N$体问题的哈密顿函数在变换$(\mathbf{q}_1,\cdots,\mathbf{q}_N,\mathbf{p}_1,\cdots,\mathbf{p}_N) \to (A\mathbf{q}_1+b,\cdots,A\mathbf{q}_N+b,A\mathbf{p}_1,\cdots,A\mathbf{p}_N)$下是不变量，这里$A$是旋转矩阵，$b$是矢量. 这意味着解的欧氏位移也是一个解. 对于如果宇宙包含正好$N$个点质量，那么不存在任何一个首选坐标系，一个与下一个都是一样的，这似乎是合理的.

哈密顿系统的连续对称性意味着存在积分. 对称性和积分在扰动分析中引起退化. 因而我们必须研究对称性和积分在动力学上的问题.

# 5.1 群作用与对称性

我们需要可微流形和李群的一些基本术语. 本书中的例子是非常具体的,但一般术语对保持概念清晰是重要的. 我们给出粗略定义,读者可以查阅如文献[1,35]这样有关可微流形的新书以便更详细了解.

流形($n$ 维的)是这样一个拓扑空间 $\mathscr{m}$,$\mathscr{m}$ 的每个点都有一个与 $\mathbf{R}^n$ 中的一个开集同胚的邻域. 也就是说,如果生活在相当近视空间里的人,他们就认为自己生活在 $\mathbf{R}^n$ 中. 这就可以解释为什么许多迂腐的人认为地球是平的. 标准流形是 $\mathbf{R}^n$,为欧氏空间;$\mathbf{S}^n=\{x\in\mathbf{R}^{n+1}:\|x\|=1\}$,为 $N$ 维球;$\mathbf{T}^n=\mathbf{S}^n\times\cdots\times\mathbf{S}^1$,为 $n$ 维环面;麦比乌斯带;任意无自相交的平滑表面. 如果 $\zeta\in\mathscr{m}$ 是这样的点,那么存在 $\zeta$ 的邻域 $W$ 和同胚 $\phi:W\to V\subset\mathbf{R}^n$. 这一对($W,\phi$)被称作在 $\zeta$ 的坐标图或简称为在 $\zeta$ 的局部坐标系. 将地球表示想象为二维球,$\mathbf{S}^2$. 一个好的地图将应有足够多的坐标图(地图)使得地球上的每一点至少在一个坐标图中. 由于坐标图是在平面页上,可认为是在 $\mathbf{R}^2$ 内. 坐标图就是地球表面的一部分到 $\mathbf{R}^2$ 的同胚的图形.

可微流形仅是具有局部坐标系集合的流形,使得坐标的每一次变化都是具有可微逆可微的. 这一集合被称作图册. 微分流形是进行微分分析的自然位. 函数、微分方程、微分形式等,如果它们在图册的所有坐标系中是可微的,那么它们是可微的或平滑的.

李群是其底集为流形的群 $\mathscr{G}$,其乘法和求逆都是光滑运算 —— 见文献[35]. 在将李群认为是一个进行矩阵乘法所有可逆 $n\times n$ 矩阵的闭子群时作为群的积,其一般性没有损失.

李群的一些标准例子是

- $GL_n=GL(n,\mathbf{R})$:所有实 $n\times n$ 可逆矩阵组成的群,被称作一般线性群.
- $O_n=O(n,\mathbf{R})$:所有实 $n\times n$ 正交矩阵组成的群,被称作正交群.
- $SL_n=SL(n,\mathbf{R})$:行列式等于 $+1$ 的所有实 $n\times n$ 矩阵组成群,被称作特殊线性群.
- $SO_n=SO(n,\mathbf{R})=O_n\cap SO_n$:被称作特殊正交组成的群.
- $SP_n=SP(n,\mathbf{R})$:所有实 $2n\times 2n$ 辛矩阵组成的群,被称作辛群.
- $U_n=U(n,\mathbf{C})$:所有复 $n\times n$ 酉矩阵组成的群,被称作酉群.
- $\mathbf{R}^n$:带为矢量加法的群积.

李群 $\mathscr{G}$ 在流形 $\mathscr{m}$ 上的(光滑)一个作用是一个映射 $\Psi:\mathscr{G}\times\mathscr{m}\to\mathscr{m}$ 使得:

- 对于每一个 $\gamma\in\mathscr{G}$,映射 $\Psi(\gamma,\cdot):\mathscr{m}\to\mathscr{m}$ 是一个微分同胚.

- 映射 $\Psi(e,\cdot):\mathscr{m}\to\mathscr{m}$ 是恒同映射,这是 $e$ 是 $\mathscr{G}$中的单位元.
- 对于所有 $\gamma_1,\gamma_2\in\mathscr{G}$和所有 $\zeta\in\mathscr{m}$,$\Psi(\gamma_1,\Psi(\gamma_2,\zeta))=\Psi(\gamma_1\cdot\gamma_2,\zeta)$.

当只有所讨论的一个作用时,我们使用更紧缩记法 $\Psi(\gamma,\zeta)=\gamma\zeta$,所以上述的最后一个特性可以写为 $\gamma_1(\gamma_2\zeta)=(\gamma_1\gamma_2)\zeta$.

假设$\mathscr{G}$是上面所列的任意一个矩阵群. 那么 $\Psi(\gamma,\zeta)=\gamma\zeta$ 是在 $\mathbf{R}^n$ 上的一个作用,这里 $\gamma\zeta$ 正是矩阵 $\gamma$ 和矢量 $\zeta$ 的一般乘积. 在 $\mathbf{R}^n$ 上的加法群 $\mathbf{R}^n$ 的一个作用是 $\Psi(\gamma,\zeta)=\gamma+\zeta$.

困惑时,就将流形看作是欧氏空间 $\mathbf{R}^n$,群是旋转 $SO_n$,作用是矩阵算法!

考虑 $\mathscr{m}$ 上的一个常微分方程,形式为

$$\dot{z}=f(z) \tag{5.1}$$

式中 $z$ 是 $\mathscr{m}$ 上的局部坐标系,$f$ 是坐标系中的光滑(函数). $\mathscr{m}$ 上的一个自治微分方程被看作是一个 $\mathscr{m}$ 上的光滑矢量. 在任意点上,微分方程确定一个解,这个解的微分被看作是这一点上的切矢量.

当然,在 $z$ 上的切矢量为 $f(z)$,对我们来说,光滑矢量场与自治微分方程是相同的. 假设 $\phi(t,\zeta)$ 是式(5.1)的解,满足 $\phi(0,\zeta)=\zeta$. 我们将 $\phi(t,\zeta)$ 称为通解,有时写为 $\phi_t=\phi(t,\cdot)$. 为了方便讨论,假设对于所有 $t\in\mathbf{R}$,$\zeta\in\mathscr{m}$,$\phi(t,\zeta)$ 是确定的,在此情况中,我们说 $\phi$ 定义了 $\mathscr{m}$ 上的一个流,即 $\phi$ 满足以下:

- 对于每个 $t\in\mathbf{R}$,映射 $\phi_t:\mathscr{m}\to\mathscr{m}$ 是微分同胚的.
- 映射 $\phi_0:\mathscr{m}\to\mathscr{m}$ 是恒同映射.
- $\phi_t\circ\phi_\tau\equiv\phi_{t+\tau}$,也就是说,对于所有 $t,\tau\in\mathbf{R}$ 和所有 $\zeta\in\mathscr{m}$,$\phi(t,\phi(\tau,\zeta))=\phi(t+\tau,\zeta)$.

注意到流是加法群 $\mathbf{R}$ 在 $\mathscr{m}$ 上的一个作用,因而我们有时记为 $\phi(t,\zeta)=t\zeta$. 像式(5.1)的自治微分方程定义一个流,反之亦然. 给定 $\phi(t,\zeta)$,被确定的微分方程是 $f(z)=(\partial\phi(t,z)/\partial t)\mid_{t=0}$ 的式(5.1).

式(5.1)的对称性是一个微分同胚 $g:\mathscr{m}\to\mathscr{m}$ 使得如果 $\phi(t)$ 是式(5.1)的解,那么 $g(\phi(t))$ 也是其解,也就是说 $g$ 求解的解. 这就是说,如果

$$\frac{\mathrm{d}g(\phi(t))}{\mathrm{d}t}=f(g(\phi(t))$$

$g$ 是对称的.

通过将最后的这个公式微分,并设 $t=0$,我们证明当且仅当

$$\frac{\partial g}{\partial z}(z)f(z)=f(g(z))\quad(Dgf=f\circ g)$$

时 $g$ 是对称的.

如果对于每个 $g\in\mathscr{G}$,微分同胚 $\Psi(g,\cdot):\mathscr{m}\to\mathscr{m}$ 是式(5.1)的对称性,群 $\mathscr{G}$(实际上是 $\mathscr{G}$的作用 $\Psi$)是式(5.1)的对称群.

**例 1**　考虑亚里士多德中心力问题

$$\dot{z}=-\frac{z}{\|z\|^3},z\in\mathbf{R}^3\setminus\{0\}$$

(在亚里士多德物理学中,力与速度成正比.)此问题显然是旋转对称的. 在上面给出的奇特词句中,假设 $\psi$ 是旋转群 $SO_3$ 通过矩阵乘法在 $\mathbf{R}^3\setminus\{0\}$ 上的一个作用. 并且令 $f$ 是上述方程的右端, $f(z)=-z/\|z\|^3$. 那么对于每个 $A\in SO_3$, $z\in\mathbf{R}^3\setminus\{0\}$,有

$$f(\Psi(A,z))=f(Az)=\frac{-Az}{\|Az\|^3}=A\left(\frac{-z}{\|z\|^3}\right)=Af(z)=\frac{\partial\Psi(A,z)}{\partial z}f(z)$$

注意到对于通常的矩阵作用, $f(Az)=Af(z)$ 够用了.

**例 2**　考虑由下式给出的平面中的系统

$$\dot{z}=Jz+z(1-\|z\|^2),z\in\mathbf{R}^2$$

首先如上面所做的一样,可以直接证实此系统是一个 $SO_2$ - 不变量,或者可以将此系统转换到极坐标

$$\dot{r}=r(1-r^2),\dot{\theta}=-1 \tag{5.2}$$

并且注意到这些方程与 $\theta$ 无关. 相图示于图 5.1,图中只示出四条轨道 —— 原始环、极限环和两条渐近到极限环的轨道. 所有其他轨道是通过旋转渐近轨道获得.

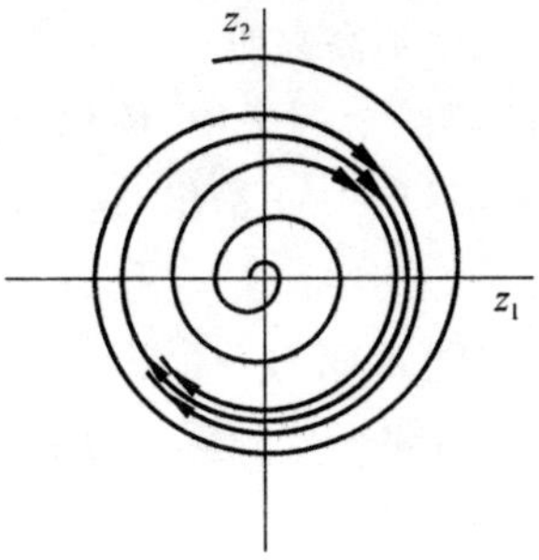


图 5.1　第二个例子的相图

**命题 5.1**　假设 $\mathscr{G}$ 是一个带有微分方程(5.1)作用 $\Psi$ 的对称群且 $\phi$ 是式(5.1)的通解,那么对于所有 $\gamma\in\mathscr{G}$, $t\in\mathbf{R}$, $\zeta\in\mathscr{m}$

$$\Psi(\gamma,\phi(t,\zeta))=\phi(t,\Psi(\gamma,\zeta))\quad(\text{或 }\gamma(t\zeta)=t(\gamma\zeta))$$

这仅意味着映射 $\Psi_\gamma:\zeta\to\gamma\zeta$ 求一个解的解. 在亚里士多德中心问题中,如果我们旋转一个解,我们仍然有这个解.

一种操纵具有对称群系统的方法是在利用辨识对称点获得的商空间上研究该系统. 这个商空间通常被称作约化空间. 优点在于约化空间是一个低维空间,有时相当简单. 缺点在于,首先,商空间可能不是一个完好空间(不是一个流形),其次在约化空间上写出这些方程是非常困难的. 对于我们来说重要的

是理解这一约化空间,因为在后续章节中建立的$N$体问题的周期解就是依靠约化空间.

假设$\Psi$是$\mathscr{G}$在$\mathscr{m}$上的一个作用.如果有一个$\gamma \in \mathscr{G}$使得$\gamma\zeta_1 = \zeta_2$(即$\Psi(\gamma, \zeta_1) = \zeta_2$),称两点$\zeta_1, \zeta_2 \in \mathscr{m}$等价,并且记为$\zeta_1 \sim \zeta_2$.令$[\zeta] = \{w \in \mathscr{m} : \zeta \sim w\}$,所以$[\zeta]$是与$\zeta$等价的所有点的集合,$\zeta$的等价类.约化空间是所有等价类的集合,即$\mathscr{m}_R = \mathscr{m}/\mathscr{G} = \{[\zeta] : \zeta \in \mathscr{m}\}$.如果将商拓扑用到$\mathscr{m}_R$上那么就会有闭性的概念——如果存在$\zeta' \in [\zeta]$和$w' \in [w]$并且$\zeta'$和$w'$闭合的,那么$[\zeta]$和$[w]$是闭合的.但是,这一商空间通常可能不是一个流形.这是一个坏消息,好消息是流$\phi$通过

$$\phi_R(t, [\zeta]) = [\phi(t, \zeta)]$$

在商空间上自然定义了一个拓扑流$\phi_R$.换句话说,流$\phi$将一个等价类放入一个等价类.这可由定义和命题5.1.1得出.定义射影映射$\Pi : \mathscr{m} \to \mathscr{m}_R : \zeta \to [\zeta]$.由$\Pi$的射影作用有时俗称"滴落".

**例1**(续上)　亚里士多德中心力问题的对称群是在$\mathbf{R}^3 \setminus \{0\}$上作用的$SO_3$.在$\zeta \in \mathbf{R}^3 \setminus \{0\}$距离原点为$\rho$给出任意一点,那么$\zeta$可以旋转到第一个坐标轴的正方向上的点$(\rho, 0, 0)$.因此约化空间是一个为流形的开放射线.如果我们将亚里士多德中心力问题放到球坐标中,注意到方程与两个角无关,半径方程变为$\dot{\rho} = -1/\rho^2$,它在约化空间上定义一个流.在这个流中,所有轨道都趋向原点.(亚里士多德是错误的,你不高兴吗?)

**例2**(续上)　在上面的第二个例子中,约化空间是一个闭曲线(具有边界的流形),并且流是由方程$\dot{r} = r(1 - r^2)$给出.这个流在0和1有固定点,所有其他轨道都渐近到1.

在第二个例子中,约化空间未成为一个流形是因为原点是一个边界点.更糟的事也可能发生,所以我们需要一个确保完好约化空间的准则.

如果对于每个$\zeta \in \mathscr{m}$,作用$\Psi : \mathscr{G} \times \mathscr{m} \to \mathscr{m}$是自由的,$\Psi(\gamma, \zeta) = \gamma\zeta = \zeta$的唯一解是$\gamma = e$,为$\mathscr{G}$的单位元.注意到我们的这两个都不是自由的.在第一个例子中,对于每个$z \in \mathbf{R}^3 \setminus \{0\}$存在一个以$z$轴为轴的非平凡旋转,所以这一旋转使$z$固定.在第二个例子中,群的所有元使$\zeta = 0$固定,所以第二个作用不是自由的.

如果映射$\tilde{\Psi} : \mathscr{G} \times \mathscr{m} \to \mathscr{m} \times \mathscr{m} : (\gamma, \zeta) \to (\zeta, \Psi(\gamma, \zeta))$是一个真映射,即一个紧集的逆象是紧的,那么这一作用是真的.幸而,群$\mathscr{G}$是紧的,作用是真的,我们主要的例子$SO_n$是紧的.

**命题5.1.2**　如果作用$\Psi : \mathscr{G} \times \mathscr{m} \to \mathscr{m}$是自由的和真的,那么约化空间为一个流形.

这不是一个非常准确的结果,因为第一个例子不是自由的,但约化空间是一个完好的流形.$\zeta \in \mathscr{m}$的迷向群是$\mathscr{G}_\zeta = \{\gamma \in \mathscr{G} : \gamma\zeta = \zeta\}$.在第一个例子中,任

意 $z \in \mathbf{R}^3\backslash 0$ 的迷向群是绕 $z$ 的旋转群，本质上是 $SO_2$. 通常，如果迷向群光滑地取决于该点，商空间仍是一个流形. 详情及证明见文献[35].

利用命题5.1.1完全空间 $\mathcal{M}$ 中的一个轨道被射影为约化空间 $\mathcal{M}_R$ 上的一个轨道，因此不变集被射影为不变集. 有时射影集比初始集简单. 在上面的第二个例子中，极限环 $r=1$，$\theta$ 任意，被射影为临界环 $r=1$. 射影到 $\mathcal{M}_R$ 上平衡点的 $\mathcal{M}$ 上的流的不变集被称作相对平衡.

**例3** 考虑方程

$$\dot{u} = v - uw(u^2 + v^2)$$
$$\dot{v} = -u - vw(u^2 + v^2)$$
$$\dot{w} = -(u^2 + v^2)^2 + (u^2 + v^2)^3$$

式中 $(u,v,w) \in \mathbf{R}^3$，或在圆柱坐标 $(r,\theta,w)$ 中

$$\dot{r} = -r^3 w$$
$$\dot{\theta} = -1$$
$$\dot{w} = -r^4 + r^6$$

这些方程与 $\theta$ 无关，所以是绕 $w$ 轴旋转下的不变量. 这是 $SO_2$ 作用

$$\Phi(A,(u,v),w) \to (A(u,v),w)$$

（上面，矢量写为行向量，但应为列向量.）通过略去 $\theta$ 方程可获得约化空间上的方程. 约化空间上的方程容许积分

$$I = \frac{1}{2}w^2 + \frac{1}{4}r^4 - \frac{1}{2}r^2$$

并且此系统的相图由图5.2给出. $r=1$，$w=0$ 点是一个对于完全空间 $\mathbf{R}^3$ 中周期解的平衡点，所以它是一个相对平衡点. 这个在约化空间中的相对平衡点是一个中心，有许多以不同周期绕它环行的周期轨道. 如果 $\gamma$ 是这些周期为 $T$ 的解中的一个，那么 $\gamma$ 是约化空间中的一个圆，它来自完全空间中的一个环面，即 $\Gamma = \Pi^{-1}(\gamma)$ 是 $\mathbf{R}^3$ 中的一个环面. 如果 $T$ 是能通约 $2\pi$ 的（$\theta$ 周期），那么 $\Gamma$ 富含周期解，但是如果不能通约 $2\pi$，那么 $\Gamma$ 富含拟周期解. 由于在约化空间上从一个轨道到另一个轨道周期是变化的，就会出现这两种现象.

$\mathcal{M}$ 中射影为约化空间 $\mathcal{M}_R$ 上的周期解的不变集被称作相对周期解. 在上面第三个例子中，不变环面 $\Gamma$ 无论它富含周期解还是拟周期解，它都是相对周期解.

李群 $\mathcal{G}$ 的一个单参数子集是一个光滑同构于 $\mathbf{R}$ 或 $\mathbf{R}/\mathbf{Z}$ 的闭子集，也就是说，如存在一个光滑映射 $\bar{g}: \mathbf{R} \to g \subset \mathcal{G}$，使得对于所有 $t, t_2 \in \mathbf{R}$ 和 $\bar{g}(\mathbf{R} \neq e)$，$e$ 为 $\mathcal{G}$ 中的单位元来说，$\bar{g}(t_1 + t_2) = \bar{g}(t_1) \cdot \bar{g}(t_2)$，那么 $g \subset \mathcal{G}$ 就是一个单参数子集. 可以说明（见[35]）所有单参数子集的集合可以与 $\mathcal{G}$ 在单位元上的切矢量一一对应. 一种途径这一对应是容易的. 给定一个单参数子集 $g$，在单位之上的

切矢量是 $\mathrm{d}\bar{g}/\mathrm{d}t\mid_{t=0}$. 单参数子集的集合被称作 $\mathscr{G}$ 的李代数,并用 $\mathscr{U}$ 表示;它被看作是 $\mathscr{G}$ 在单位元处的切空间. 给定 $A \in \mathscr{n}$,单参数子集用 $\bar{\mathscr{g}}(t) = e^{At} = \exp(At)$ 表示.

如果 $\mathscr{G}$ 是一个矩阵李群,那么其李代数是 $\mathscr{n} = \{B:e^{Bt} \in \mathscr{G}$,对于所有 $t\}$ 与上面给出的标准群相当的代数是

- $gl_n = gl(n,\mathbf{R})$:所有实 $n \times n$ 矩阵的代数.
- $o_n = o(n,\mathbf{R})$:所有实 $n \times n$ 斜对称矩阵的代数.
- $sl_n = sl(n,\mathbf{R})$:所有迹为零的实 $n \times n$ 矩阵的代数.
- $so_n = so(n,\mathbf{R})$:与 $o_n$ 相同.
- $sp_n = sp(n,\mathbf{R})$:所有实 $2n \times 2n$ 哈密顿矩阵群.
- $u_n = u(n,\mathbf{C})$:所有复 $n \times n$ 斜哈密顿矩阵群.

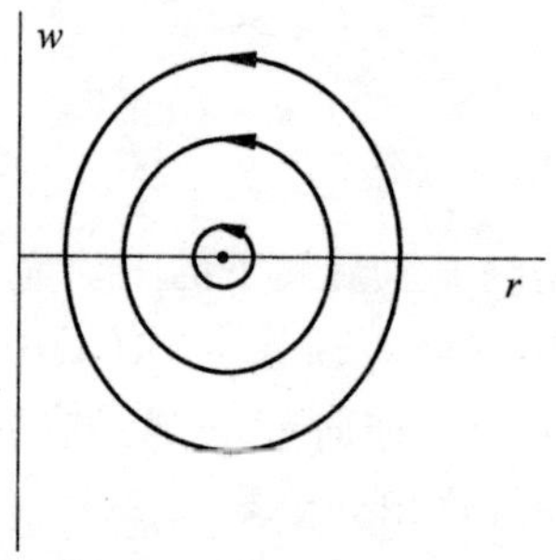


图 5.2　第三个例子的相图

通常,代数是具有乘积的向量空间. 在上面给出的矩阵代数的情况中,乘积是 $[A,B] = AB - BA$,两个矩阵的李积.

给定群 $\mathscr{G}$ 在 $\mathscr{m}$ 上的作用 $\Psi$ 和一个元 $A \in \mathscr{u}$,可以结合一个流和一个向量场如下. 这个流由 $\psi_A(t,z) = \Psi(e^{At},z)$ 定义,向量场是 $g_A(z) = \partial\psi_A(t,z)/\partial t\mid_{t=0}$.

例如,如果 $\mathscr{G}= SO_3$,$\mathscr{m} = \mathbf{R}^3$ 并有一个矩阵乘法作用,那么对于任意 $A \in so_3$,流为 $\psi_A(t,z) = e^{At}z$,向量场 或微分方程是 $\dot{z} = Az$. 如果作用有 $\Psi$ 的 $\mathscr{G}$ 是式(5.1)对称群,那么利用命题 5.1.1.

$$\psi_A(s,\phi(t,z)) = \phi(t,\psi_A(s,z)),t,s \in \mathbf{R},z \in \mathscr{m}$$

一方面说明当保持以上条件时流 $\psi_A$ 和 $\phi$ 或向量场 $g_A$ 和 $f$ 是可变换的. 另一方面说明

**命题 5.1.3**　当且仅当 $[f,g] = 0$ 时,这里 $[\cdot,\cdot]$ 是由

$$[f,g](z) = \frac{\partial f}{\partial z}(z)g(z) - \frac{\partial g}{\partial z}(z)f(z),([f,g] = Dfg - Dgf)$$

定义的,两个向量场 $f$ 和 $g$ 可变换.

证明见[35].

## 5.2 积分系统

方程(5.1)的积分是一个光滑函数:$\mathcal{m}\to\mathbf{R}$,它是一个常值解,就是说,对于所有 $t\in\mathbf{R},\zeta\in\mathcal{m}$ 来说,$F(\phi(t,\zeta))=F(\zeta)$,这里 $\phi(t,\zeta)$ 是式(5.1)的通解.当且仅当对于所有 $\zeta\in\mathcal{m},\nabla F(\zeta)\cdot f(\zeta)=0$ 时,函数 $F$ 才是式(5.1)的一个积分.(将公式 $F(\phi(t,\zeta))=F(\zeta)$ 对 $t$ 进行简单微分,并令 $t=0$;注意到当且仅当其微分恒等于零时,函数才是常数.)如果 $F$ 是一个积分,那么对于 $c\in\mathbf{R}$ 的集合 $F^{-1}(c)$ 是一个不变集,并且如果 $F$ 不是太退化的,那么这个不变集是低维的.我们已经见过许多积分例子.能量、线动量和角动量是 $N$ 体问题的所有积分.

令 $\mathbf{F}=(F_1,\cdots,F_k):\mathcal{m}\to\mathbf{R}^k$ 是一个光滑函数.$\mathbf{F}$ 的正则值是一个 $c\in\mathbf{R}^k$,使得对于每个 $\zeta\in\mathbf{F}^{-1}(c)$,雅可比函数 $\partial\mathbf{F}(\zeta)/\partial\zeta=D\mathbf{F}(\zeta)$ 是最大秩的.

**命题 5.2.1** 如果 $c$ 是 $\mathbf{F}$ 的正则值,那么 $\mathbf{F}^{-1}(c)\subset\mathcal{m}$ 是 $n-k$ 维的光滑流形.

如果 $k=n-1$,并且 $\mathbf{F}$ 是式(5.1)的积分,即 $F_i$ 是一个积分,那么 $\mathbf{F}^{-1}(c)$ 是一个一维流形.只有一维流形是弧或圆的并集,所以 $\mathbf{F}^{-1}(c)$ 的每个组元都是这个方程轨道的并集,所以此系统是"可解"的.

**例子** 一个非哈密顿积分系统的经典例子是 Volteria - Lotka 捕食者 - 食饵系统

$$\dot{u}=(a-bv)u$$
$$\dot{v}=(-c+du)v$$

式中 $u,v\geqslant 0$ 是标量变量,$a,b,c,d$ 是正的常数.关于这些方程的通常意思是 $u$ 是食饵的数量,$v$ 是捕食者的数量.存在两个平衡点(0,0)和$(c/d,a,b)$.两个坐标轴是不变量.在无捕食者时食饵的数量在增长,在无食饵时捕食者的数量在增长.(原点是一个鞍点.)在第一象限系统容许积分

$$I=u^c e^{-du}v^a e^{-bv}$$

$I$ 的水平阶层曲线是容易求得的,因为它可分解为单独 $u$ 的函数和单独 $v$ 的函数的乘积.(取对数.)点$(c/d,a/b)$是 $I$ 取唯一全局最大值的点.水平阶层曲线是绕点$(c/d,a/b)$的封闭曲线(该点自身除外),代表系统的周期解.所以此传说说明捕食者 - 食饵的数量在平衡状态附近振荡.

**例子** 开普勒问题容许角动量矢量 $\mathbf{O}=\mathbf{q}\times\mathbf{p}$ 和能量 $\mathbf{H}=\|\mathbf{p}\|^2/2-\mu/\|q\|$ 作为积分.假设现在 $\mathbf{O}\neq 0$.唯一的事实是推导出力是中心力.因为力满足平方反比定律,因而存在一个附加积分.由矢量恒等式

$$\frac{\mathrm{d}}{\mathrm{d}t}\left(\frac{\mathbf{q}}{\|\mathbf{q}\|}\right)=\frac{(\mathbf{q}\times\dot{\mathbf{q}})\times\mathbf{q}}{\|\mathbf{q}\|^{3}}$$

得到

$$\mu\frac{\mathrm{d}}{\mathrm{d}t}\left(\frac{\mathbf{q}}{\|\mathbf{q}\|}\right)=\dot{p}\times\mathbf{O}$$

积分后

$$\mu\left\{\mathbf{e}+\frac{\mathbf{q}}{\|\mathbf{q}\|}\right\}=\mathbf{p}\times\mathbf{O}$$

式中 **e** 是被称作洛伦茨矢量的矢量积分常数. 这就是开普勒问题的一个附加矢量积分. 当然不是所有这些积分都是独立的. 对于总共七个积分,我们有 **O** 的三个分量. **e** 的三个分量和一个 **H**. 但是对于 $\mathbf{R}^6$ 中的非平凡系统最多可有五个积分. 显然 $\mathbf{e}\cdot\mathbf{O}=0$,所以 **e** 位于不变平面.

容易看到,如果 $\mathbf{e}=0$,那么运动是均匀的并为圆形. 如果 $\mathbf{O}\neq 0$,那么通过定义 $\mathbf{e}=e(\cos w,\sin w)$,不难说明 $w$ 是近地点角距,$e$ 是偏心率. 偏心率是由 **O** 和 **H** 确定,所以新的积分是 $w$,近地点角距. 在平面开普勒问题中,三个独立积分是 $c=\|\mathbf{O}\|$,角动量,$h=\mathbf{H}$,能量;$w=\mathbf{e}$ 的角距,近地点角距. 见由 Pollard 写的一本小册子[67].

## 5.3 诺特定理

对于哈密顿系统,积分和对称性是紧密相关的,一个暗指另一个.

辛流形是一个存在哈密顿系统的微分流形. 辛流形 $m$ 是一个具有特殊辛坐标图(或辛坐标)图册的微分流形. 特别地,通过变量的辛变化使之从一个坐标图变到另一个坐标图. 辛流形上的哈密顿方程组是一个微分方程组,它是在每个辛坐标系中的哈密顿函数.

考虑在局部辛坐标 $z$ 中的哈密顿系统

$$\dot{z}=J\nabla H(z) \tag{5.3}$$

(注意:上述坐标系只在辛坐标中才有意义.)当且仅当 $\nabla F\cdot\dot{z}=\nabla F^{\mathrm{T}}J\nabla H=0$ 时,函数 $F$ 是式(5.3)的积分,它引出泊松括号符的定义. 假设 $F$ 和 $G$ 是从 $m$ 到 $\mathbf{R}^1$ 的光滑函数,并且定义 $F$ 和 $G$ 的泊松括号为

$$\{F,G\}=\nabla F^{\mathrm{T}}J\nabla G=\frac{\partial F^{\mathrm{T}}}{\partial u}\frac{\partial G}{\partial v}-\frac{\partial F^{\mathrm{T}}}{\partial v}\frac{\partial G}{\partial u}$$

式中 $z=(u,v)$. 辛坐标变化代表泊松括号,所以上面给出的定义不依赖于辛坐标 $z$ 的选择.(见[51].)

$\{F,G\}$ 显然是从 $\mathbf{R}^{2n}$ 到 $\mathbf{R}$ 的光滑映射,易证 $\{\cdot,\cdot\}$ 是斜对称的和双线性

的. 简单计算验证雅可比等式

$$\{F\{G,H\}\} + \{G,\{H,F\}\} + \{H,\{F,G\}\} = 0$$

通过以上讨论可见

**命题 5.3.1** 当且仅当$\{F,H\} = 0$,$F$ 是式(5.3) 的积分.

利用泊松括号的斜对称性,可见当且仅当$H$是具有哈密顿函数$F$的系统的积分时,$F$ 是具有哈密顿函数 $H$ 的系统的积分.

**例子** 平面开普勒方程是

$$\dot{\mathbf{q}} = \frac{\partial H}{\partial p} = \mathbf{p}$$

$$\dot{\mathbf{p}} = -\frac{\partial H}{\partial \mathbf{q}} = -\frac{\mu \mathbf{q}}{\| q \|^3}$$

它有角动量积分 $\mathbf{O} = (\mathbf{q} \times \mathbf{p}) \cdot k = \mathbf{q}^{\mathrm{T}} J\mathbf{p}$ 作为一个积分. 类似地,系统

$$\dot{\mathbf{q}} = \frac{\partial \mathbf{O}}{\partial \mathbf{p}} = J\mathbf{q}, \dot{\mathbf{p}} = -\frac{\partial \mathbf{O}}{\partial \mathbf{q}} = J\mathbf{p} \tag{5.4}$$

有 $H = \| p \|^2/2 - \mu/\| q \|$ 作为一个积分. 注意到由式(5.4) 定义的哈密顿流正是一个旋转,即 $\psi(t,(\mathbf{q},\mathbf{p})) = (e^{Jt}\mathbf{q}, e^{Jt}\mathbf{p})$.

泊松括号不仅预测哈密顿系统的积分,而且能预测其对称性. 给定函数 $F$,$G$,可以构成第三个函数 $K = \{F,G\}$. 给定向量场$f,g$,可以构成第三个向量场 $k = [f,g]$. 它们是紧密相关的. 需要

**命题 5.3.2** 如果$f = J\nabla F, g = J\nabla G$,那么$[f,g] = J\nabla\{F,G\}$.

因此泊松括号正是伪装的李括号,反之亦然. 由于为零的李括号表示流是变换的,为零的泊松括号表示相应的哈密顿流也是变换的.

**命题 5.3.3** 假设 $\phi(t,\zeta)$ 和 $\psi(t,\zeta)$ 分别是由 $\dot{z} = J\nabla H$ 和 $\dot{z} = J\nabla F$ 定义的哈密顿流,那么当且仅当$\phi(t,\psi(\tau,\zeta)) \equiv \psi(\tau,\phi(t,\zeta))$ 或$\phi_t \circ \psi_\tau \equiv \psi_\tau \circ \phi_t$ 时,$\{H,F\} \equiv 0$.

重申到目前为止已经给出证明.

**命题 5.3.4** 如果具有哈密顿函数$H$的系统容许一个积分$F$,那么由$F$定义的哈密顿流对于$H$是对称的,即$H(\psi(\tau,\zeta)) \equiv H(\zeta)$.

反之也是正确的. 辛作用是李群$\mathscr{G}$在辛流形$m$上的作用$\psi$,使得对于每个固定的$\gamma \in \mathscr{G}$,映射$\psi_\gamma = \psi(\gamma, \cdot): m \to m$是辛的. 令 $H: m \to \mathbf{R}$ 是哈密顿函数. 如果对于所有 $\gamma \in \mathscr{G}, \zeta \in m$.

$$H(\Psi(\gamma,\zeta)) \equiv H(\zeta)$$

那么$\mathscr{G}$(实际上$\mathscr{G}$的作用$\psi$) 是$H$的对称群. 因而对于每个$A \in u$,$\psi_A(t,\zeta) = \psi(e^{At}, \zeta)$ 是哈密顿流. 如果$m$被简单连通,那么哈密顿流$\psi_A$来自具有哈密顿函数$F_A: m \to \mathbf{R}$ 的哈密顿系统. 诺特定理说明 $F_A$ 是由 $H$ 定义的哈密顿系统的积分.

**定理 5.3.1**(诺特定理[61]) 假设$\mathscr{G}$是简单连通辛流形$m$上的哈密顿函数

$H$ 的对称群. 那么对于李代数 $\mathscr{A}$ 的每个元素 $A$, 有积分 $F_A:\mathscr{M}\to\mathbf{R}$, 即 $\{H,F_A\}\equiv 0$.

**证明** 令 $A\in\mathscr{A}$ 和 $\psi_A(t,\zeta)=\Psi(e^{At},\zeta)$. 由于 $\psi_A(t,\zeta)$ 是哈密顿流, 并且 $\mathscr{M}$ 是简单连通. $\psi_A(t,\zeta)$ 是具有哈密顿函数 $F_A:\mathscr{M}\to\mathbf{R}$ 的哈密顿系统的通解. 由于 $\mathscr{G}$ 是 $H$ 的对称群, $H(\psi_A(t,\zeta))\equiv H(\zeta)$ 或 $H$ 是 $F_A$ 流的积分. 也就是说, $\{F_A, H\}=0$, 但是这意味着 $F_A$ 是 $H$ 系统的积分.

## 5.4 $N$ 体问题的积分

考虑在固定坐标中具有哈密顿函数的 $N$ 体问题

$$\mathbf{H}(\mathbf{z})=\sum_{i=1}^{N}\frac{\|\mathbf{p}\|^2}{2m_i}-\sum_{1\leq i<j\leq N}\frac{m_im_j}{\|\mathbf{q}_i-\mathbf{q}_j\|}$$

式中 $\mathbf{z}=(\mathbf{q}_1,\cdots,\mathbf{q}_N,\mathbf{p}_1,\cdots,\mathbf{p}_N)\in\mathbf{R}^{6N}$. $N$ 体问题是定义在辛流形 $\mathbf{R}^{6N}\backslash\Delta$ 上的, 这里 $\Delta$ 是对于某些 $i\neq j$ 的具有 $\mathbf{q}_i=\mathbf{q}_j$ 的集合. 哈密顿函数在平移下是不变量, 也就是说, 附加群 $\mathbf{R}^3$ 是 $\mathbf{H}$ 的对称群. 由

$$\Psi_T(b,(\mathbf{q}_1,\cdots,\mathbf{q}_N,\mathbf{p}_1,\cdots,\mathbf{p}_N))=(\mathbf{q}_1+b,\cdots,\mathbf{q}_N+b,\mathbf{p}_1,\cdots,\mathbf{p}_N)$$

给出的作用 $\Psi_T:\mathbf{R}^3\times(\mathbf{R}^{6N}\backslash\Delta)\to\mathbf{R}^{6N}$ 是辛的. $\mathbf{R}^3$ 的代数是其自身, 并且对于 $a\in\mathbf{R}^3$(代数), 切矢量为 $a$ 的单参数子集是

$$\psi_a(t,(\mathbf{q}_1,\cdots,\mathbf{q}_N,\mathbf{p}_1,\cdots,\mathbf{p}_N))=(\mathbf{q}_1+ta,\cdots,\mathbf{q}_N+ta,\mathbf{p}_1,\cdots,\mathbf{p}_N)$$

产生 $\psi_a$ 的哈密顿函数是 $F=a^{\mathrm{T}}(\mathbf{p}_1+\cdots+\mathbf{p}_N)$. 利用诺特定理, 对于所有 $a\in\mathbf{R}^3$, $F=a^{\mathrm{T}}(\mathbf{p}_1+\cdots+\mathbf{p}_N)$ 是 $N$ 体问题的积分, 所以线动量 $\mathbf{L}=\mathbf{p}_1+\cdots+\mathbf{p}_N$ 是一个积分. 通常, 平移不变性意味着线动量守恒.

$N$ 体问题在旋转下也是不变的, 也就是说, 旋转群 $SO_3$ 是 $N$ 体问题的对称群. 由

$$\Psi_R(A,(\mathbf{q}_1,\cdots,\mathbf{q}_N,\mathbf{p}_1,\cdots,\mathbf{p}_N))=(A\mathbf{q}_1,\cdots,A\mathbf{q}_N,A\mathbf{p}_1,\cdots,A\mathbf{p}_N)$$

给出的作用 $\Psi_R:SO_3\times(\mathbf{R}^{6N}\backslash\Delta)\to\mathbf{R}^{6N}/\Delta$ 是对称的, 并且 $H$ 在作用下是不变的. $SO_3$ 的代数是 $so_3$, 为所有 $3\times3$ 斜对称矩阵的集合. 给定 $B\in so_3$, 定义哈密顿流

$$\psi_B(t,(\mathbf{q}_1,\cdots,\mathbf{q}_N,\mathbf{p}_1,\cdots,\mathbf{p}_N))=(e^{Bt}\mathbf{q}_1,\cdots,e^{Bt}\mathbf{q}_N,e^{Bt}\mathbf{p}_1,\cdots,e^{Bt}\mathbf{p}_N)$$

产生 $\psi_B$ 的哈密顿函数是 $F=\sum_{i=1}^{N}q_i^{\mathrm{T}}Bp_i$, 所以利用诺特定理它就是 $N$ 体问题的一个积分. 如果我们取 $B$ 的三个选择方案如下:

$$\begin{pmatrix}0&0&0\\0&0&1\\0&-1&0\end{pmatrix},\begin{pmatrix}0&0&1\\0&0&0\\-1&0&0\end{pmatrix},\begin{pmatrix}0&1&0\\-1&0&0\\0&0&0\end{pmatrix}$$

那么相应的积分是角动量的三个分量. 因此,哈密顿函数是在所有旋转下是不变量这一事实意指角动量的守恒定律.

因而平移对称性产生三个积分,即线动量的三个分量,并且旋转对称性产生三个积分,即角动量的三个分量. 线动量的积分总是独立的,除了总角动量为零外,角动量的积分是独立的. 所以通常有六个独立积分(不包括 $H$ 本身),因而掌握这些固定积分就可实现从 $\mathbf{R}^{6N}$ 约化为$(6N-6)$ 维流形.

## 5.5 辛约化

对称性产生积分,并且掌握固定积分可将问题降维. 但是这不是全部. 像上一节中讨论的 $N$ 体问题一样,思考一下具有旋转对称性的问题,即在一个 $SO_3$ 作用下的不变量问题. 我们看到这一对称性产生角动量积分. 通常考虑,角动量是一个空间中指向的三矢量. 如果这一矢量不为零,由掌握这一固定矢量得到的积分流形是一个三个低维不变流形. 但是不是所有的对称性都能用上. 这一积分流形在那些允许角动量积分固定的旋转下是不变的. 换句话说,一直存在一个剩下的 $SO_2$ 作用. 因而我们可以固定角动量的三个分量,再转到 $SO_2$ 作用的商空间. 由于 $SO_2$ 是一个一维群,商空间少一维,所以维数通过 $3+1=4$ 得以约化. (令人感兴趣地,这个最后的空间是辛空间,所产生的流是哈密顿函数——见 Meyer1973[50]、Marsden 和 Weinstein 1974[44].)

如前,假设 $\mathscr{m}$ 是 $2n$ 维辛流形,$\Psi:\mathscr{G}\times\mathscr{m}\to\mathscr{m}$ 是 $m$ 维李代数的辛作用,$\mathscr{u}$ 是 $\mathscr{G}$的代数,$H:\mathscr{m}\to\mathbf{R}$ 是容许 $\mathscr{G}$作为对称群的哈密顿函数.

假设存在 $m$ 个积分 $F_1,\cdots,F_n:\mathscr{m}\to\mathbf{R}$. 令 $\mathbf{F}=(F_1,\cdots,F_m)$. 假设 $a\in\mathbf{R}^m$ 是 $F$ 的正则值所以 $\mathscr{n}=\mathbf{F}^{-1}(a)$ 是 $2n-m$ 维的 $\mathscr{m}$ 的子流形. 令 $\mathscr{G}_a$ 是使 $n$ 固定的 $\mathscr{G}$ 的子群. 令 $\mathscr{G}_a$ 的维数是 $s$. 现在假设 $\mathscr{G}_a$ 自由地正确地作用在 $\mathscr{n}$ 上,所以商空间 $\mathscr{B}=\mathscr{n}/\mathscr{B}_a$(约化空间)是 $2n-m-s$ 维流形. 哈密顿函数在作用下是不变量,所以 $H$ 对 $\mathscr{n}$ 的约束在 $\mathscr{G}_a$ 下是不变的,并且在商空间上被很好定义. 令 $\overline{\mathscr{H}}:\mathscr{B}\to\mathbf{R}$ 是这一函数. 给定所有这些,我们有

**定理 5.5.1** $\mathscr{B}$是一个辛流形. 在 $\mathscr{m}$ 上由 $H$ 定义的流作为具有哈密顿函数的哈密顿流下降到商空间 $\mathscr{B}$. 见[50]. 这一定理不是清晰. 自由的正常假设简单意味着商空间与投影映射是好的. 其本质是商空间和投影映射是光滑的. 要给出这一定理的完整证明要求详细研究辛流形理论,因而只给出关键的想法,这可能有许多令人费解的. 最好可以跳到下一节,那里讨论几个主要例子,或见[50,1]有完整证明.

辛坐标系中的矩阵 $J$ 定义了在某些点 $\zeta_0\in\mathscr{m}$ 处切矢量上的非退化斜对称双线

性型.(技术上,$J$是非退化闭2型系数.)就是说如果$u,v$是辛坐标图上的切矢量,我们定义$\{u,v\} = u^{\mathrm{T}}Jv$. 显然$\{\cdot,\cdot\}$是双线性($\{\alpha u_1 + \beta u_2 v\} = \alpha\{u_1,v\} + \beta\{u_2,v\}$,$\{u,\alpha v_1 + \beta v_2\} = \alpha\{u,v_1\} + \beta\{u,v_2\}$,$\alpha,\beta \in \mathbf{R}$)、斜对称($\{u,v\} = -\{v,u\}$)和非退化($\{u,v\} = 0$,对于所有 $v$ 意味着 $u = 0$).

双线性型表现辛流型的特性. 这一双线性型通过约束很好地在 $\mathscr{N}$ 上定义. 通过对称假设很好地在商空间 $\mathscr{B}$ 上定义. 需要证明的是它是非退化的,这将在接下来的引理中建立.

假设$V$是点$\zeta_0$上所有切矢量的空间,$V^*$是其对偶空间. 由于我们引进一个辛坐标系,我们将辨识这些空间. 假设 $W = \mathrm{span}\{\nabla F_1(\zeta_0),\cdots,\nabla F_m(\zeta_0)\} \subset V$ 是一个线性空间,此空间是定义$\mathscr{N}$的积分的所有微分的取值范围. 因此$\mathscr{N}$的切空间是 $W^0 = \{v \in V: f^{\mathrm{T}}v = 0$,对于所地$f \in W\}$. 假设 $W^{\#} = \{Jf: f \in W\}$,因而 $W^{\#}$ 是单参数群作用的切矢量的集合. 就是说,$W^{\#} = \{\mathrm{d}\psi_a(0,\zeta_0)/\mathrm{d}t, a \in \mathscr{U}\}$,并且 $W^0 \cap W^{\#}$ 是轨道在 $\mathscr{N}$ 内的单参数群的切矢量的集合.

因而 $W^0/(W^0 \cap W^{\#})$ 是 $\mathscr{B}$ 的切空间.

**引理5.5.1** 如果$[u],[v] \in W^0/(W^0 \cap W^{\#})$,那么$\{[u],[v]\} = \{u,v\}$是$W^0/(W^0 \cap W^{\#})$上的一个定义完善的斜对称非退化双线性型.

**证明** 如果$\xi \in W^{\#}$,$\eta \in W^0$,那么根据定义$\{\zeta,\eta\} = 0$. 因而如果$u,v \in W^0$并且$\xi,\eta \in W^0 \cap W^{\#}$,那么$\{\{u+\xi\},[v+\eta]\} = \{[u+\xi],[v+\eta]\} = \{u,v\}$,所以这一双线性型被完善地定义在商空间上.

现在假设对于所有$[v] \in W^0/(W^0 \cap W^{\#})$,$\{[u],[v]\} = 0$. 那么对于所有$v \in W^0$ 或 $Ju \in W$,$\{u,v\} = 0$. 因而 $u \in W^{\#}$ 或$[u] = 0$. 所以$\{\cdot,\cdot\}$在 $W^0/(W^0 \cap W^{\#})$上是非退化的.

这是一个在辛约化定理的证明中的关键引理.

## 5.6 简化 $N$ 体问题

$N$ 体问题的哈密顿函数在平移作用 $\Psi_T$ 下是不变量,因此,正如所见,线动量是一个积分矢量. 掌握固定的线动量(可以说,等于零)的三个分量就可将三个线性约束放入系统,所以线动量固定的空间是一个 $\mathbf{R}^{6N}$ 的$(6N-3)$维子空间. 但是 $\Psi_T$ 对 $\mathbf{R}^3$ 的作用不能改变线动量,所以 $\mathbf{R}^3$ 对线动量集合的所有作用为零. 因而彼此平移的 $N$ 体的两个构形是可辨识的,即$(\mathbf{q}_1,\cdots,\mathbf{q}_N,\mathbf{p}_1,\cdots,\mathbf{p}_N)$和$(\mathbf{q}_1+b,\cdots,\mathbf{q}_n+b,\mathbf{p}_1,\cdots,\mathbf{p}_N)$,这里 $b$ 是 $\mathbf{R}^3$ 中任意矢量. 进行辨识通过其他三维约化这一维,使总空间为$(6N-6)$维. 这一空间是第一约化空间.

使用3.5节给出的雅可比坐标是进行所讨论的约化的最容易方法. 由于后

续应用,我们将改变一下编号系统,并将质点从0到$N-1$编号. 变量$\mathbf{g}$是质心,所有其他位置坐标$\mathbf{x}_1,\cdots,\mathbf{x}_{N-1}$都是相对坐标,所以上面给出的辨识意味着$(\mathbf{g}+b,\mathbf{x}_1,\cdots,\mathbf{x}_{N-1},\mathbf{G},\mathbf{y}_1,\cdots,\mathbf{y}_{N-1})$和$(\mathbf{g},\mathbf{x}_1,\cdots,\mathbf{x}_{N-1},\mathbf{G},\mathbf{y}_1,\cdots,\mathbf{y}_{N-1})$是相等的. 等价类的一个代表是$(0,\mathbf{x}_1,\cdots,\mathbf{x}_{N-1},\mathbf{G},\mathbf{y}_1,\cdots,\mathbf{y}_{N-1})$,即具有在原点质心的集合. 线动量$\mathbf{G}$是一个积分,所以上面讨论的约化是通过设定$\mathbf{g}=0$和固定$\mathbf{G}$,即为零来实现的. 这一问题由一个偶数维空间 —— 第一约化空间上的哈密顿函数来描述. 第一约化空间上的哈密顿函数是

$$H=\sum_{i=1}^{N-1}\frac{\|\mathbf{y}_i\|^2}{2M_i}-\sum_{1\leqslant i<j\leqslant N-1}\frac{m_i m_j}{\|d_{ij}\|}$$

注意到刚好线动量的积分是固定的时,这一问题不是哈密顿函数. 但是当这些积分是固定的,并且通过平移对称性这些点被辨识出时,这一问题是哈密顿函数.

现在考虑由产生角动量积分的作用$\Psi_R$给出的$SO_3$对称性. 继续研究具有雅可比坐标$(\mathbf{x}_1,\cdots,\mathbf{x}_N,\mathbf{y}_1,\cdots,\mathbf{y}_N)$的$(6N-6)$维第一约化空间. 回想一下用雅可比坐标表示的角动量看起来与以前是一样的,即

$$\mathbf{O}=\sum_{i=1}^{N-1}\mathbf{x}_i\times\mathbf{y}_i$$

存在三个角动量积分,除了在会合点处外,也就是说,除了在质点位于通过质心的直线上的构形外,这些积分是独立的. 考虑子集$\mathscr{N}\subset\mathbf{R}^{6N-6}$,$\mathbf{R}^{6N-6}$是角动量为一些固定非零矢量$\mathbf{O}$的相空间. 这是一个$(6N-9)$维空间(子流形),它在由$N$体问题定义的流下是不变量. 不是所有旋转使$\mathscr{N}$固定:只是那些绕$\mathbf{O}$的旋转会这样. 也就是说,假设$SO'_2$是$SO_3$的子群,那么它使$\mathbf{O}$固定. 例如,如果$\mathbf{O}=c\mathbf{k}$,这里$c\neq 0$是一个常数,那么$SO'_2$包含形式如下的所有矩阵:

$$\begin{pmatrix}\cos\theta & \sin\theta & 0\\ -\sin\theta & \cos\theta & 0\\ 0 & 0 & 1\end{pmatrix}$$

因此$SO'_2$是一维的,因为它可以用旋转角$\theta$这一参数表示.

显然,如果$A\in SO'_2$,那么$A$使$\mathscr{N}$为不变量,所以如果$\Psi_R(A,z)=z'$,也就是如果一个构形可以通过绕$\mathbf{O}$旋转转动到其他构形,那么两个点$z,z'\in\mathscr{N}$,就可被辨识. 假设$\mathscr{B}$是辨识空间$\mathscr{N}/SO'_2$. 结果$\mathscr{N}$是$(6N-9)$维的,$\mathscr{B}$是$(6N-10)$维的. 这一有趣的事实在于$\mathscr{B}$是辛的,并且$N$体问题的流是$\mathscr{B}$上的哈密顿函数,也就是在辛的$\mathscr{B}$上存在局部坐标,并且$N$体问题的运动方程是哈密顿函数的.

一共进行了两次约化. $N$体问题是$6N$维空间$\mathbf{R}^{6N}$中的一阶微分方程组. 将质心放置在原点并固定线动量的第一次约化将问题约化到$(6N-6)$维线性子空间. 固定角动量将问题约化到$(6N-9)$维空间$\mathscr{N}$. 辨识绕角动量旋转的构形

的差异将问题约化到$(6N-10)$维的约化空间.

详细考虑一下三体问题. $\mathscr{B}$上的三体问题是一个定常哈密顿系统. 通过保持哈密顿函数(能量)固定和消去时间以获得六阶非自治微分方程组就可以实现两次进一步约化. 三体问题的约化是经典的. 它消去结点要归功于雅可比[36],同样见[38]. 这些约化在这里将不需要.

首先我们将描述三体问题的$\mathscr{B}$的全局拓扑型,并且给出$\mathscr{B}$上的一个局部坐标系,它将是非常有益的. 回想3.5节,具有质心在原点,线动量为零的三体问题的哈密顿函数用雅可比坐标表示为

$$H=\frac{\|\mathbf{y}_1\|^2}{2M_1}+\frac{\|\mathbf{y}_2\|^2}{2M_2}-\frac{m_0m_1}{\|x_1\|}-\frac{m_1m_2}{\|\mathbf{x}_2-\alpha_0\mathbf{x}_1\|}-\frac{m_2m_0}{\|\mathbf{x}_2+\alpha_1\mathbf{x}_1\|} \tag{5.5}$$

式中

$$M_1=\frac{m_0m_1}{m_0+m_1}$$

$$M_2=\frac{m_2(m_0+m_1)}{m_0+m_1+m_2}$$

$$\alpha_0=\frac{m_0}{m_0+m_1}$$

$$\alpha_1=\frac{m_1}{m_0+m_1}$$

这影响第一次约化. 这里,为了与本书后面部分一致,我们将质量编号为$m_0$,$m_1$,$m_2$. 在这些坐标中,角动量为

$$\mathbf{O}=\mathbf{x}_1\times\mathbf{y}_1+\mathbf{x}_2\times\mathbf{y}_2$$

有趣的是,我们将用哈密顿四元数来求整体几何构形. 假设$\mathscr{Q}$代表四元数空间,并考虑由$\mathscr{Q}\times\mathscr{Q}$坐标标识的相空间$(\mathbf{R}^2)\times(\mathbf{R}^2)^2$如下:为了使$(\mathbf{x}_1,\mathbf{x}_2,\mathbf{y}_1,\mathbf{y}_2)=((\mathbf{x}_1^1,\mathbf{x}_1^2),(\mathbf{x}_2^1,\mathbf{x}_2^2),(\mathbf{y}_1^1,\mathbf{y}_1^2),(\mathbf{y}_2^1,\mathbf{y}_2^2))$,结合之数

$$u=\mathbf{x}_1^1+\mathbf{x}_1^2\mathbf{i}+\mathbf{x}_2^1\mathbf{j}+\mathbf{x}_2^2\mathrm{k}$$

$$u=\mathbf{y}_1^2+\mathbf{y}_1^1\mathbf{i}-\mathbf{y}_2^2\mathbf{j}+\mathbf{y}_2^1\mathrm{k}$$

计算$vu=\mathbf{o}+\alpha\mathrm{i}+\beta\mathrm{j}+\gamma\mathrm{k}$,这里$\mathbf{o}=(\mathbf{x}_1\times\mathbf{y}_1+\mathbf{x}_2\times\mathbf{y}_2)\cdot k$,$k=(0,0,1)$是标量角动量,$\alpha,\beta,\gamma$是组元$\mathbf{x}_1,\mathbf{x}_2,\mathbf{y}_1,\mathbf{y}_2$的组合. 因而对于给定$\mathbf{o}\neq0$,空间$\mathscr{n}$是

$$\mathscr{n}=\{(u,v)\in\mathscr{Q}\times\mathscr{Q}:u\neq0\text{ 和 }v=(\mathbf{o}+\alpha\mathrm{i}+\beta\mathrm{j}+\gamma\mathrm{k})u^{-1}\}$$

因而$\mathscr{n}$是由$u\in\mathscr{Q}\backslash\{0\}\simeq S^3\times\mathbf{R}^1$和$(\alpha,\beta,\gamma)\in\mathbf{R}^3$坐标标识的,或$\mathscr{n}$正是$S^3\times\mathbf{R}^4$.

$(\mathbf{R}^2)^2\times(\mathbf{R}^2)^2$ 上的 $SO_2$ 作用等同于由 $(\theta,(u,v))\rightarrow(r(\theta)u,vr(\theta)^{-1})$ 给出的 $\mathcal{Q}\times\mathcal{Q}$ 上的 $S^1$ 作用，这是 $\theta\in S^1$ 和 $r(\theta)=\cos\theta+i\sin\theta$. 因此往下到 $\mathcal{B}=\mathcal{n}/SO_2$ 是辨识 $n$ 上的点

$$(u,\{(\mathbf{o}+\alpha\mathrm{i}+\beta\mathrm{j}+\gamma\mathrm{k})\}u^{-1})$$

和

$$(r(\theta)u,\{(\mathbf{o}+\alpha\mathrm{i}+\beta\mathrm{j}+\gamma\mathrm{k})\}(r(\theta)u)^{-1})$$

注意到所辨识的这两个点在后面的三个地方，都有相同的坐标，即 $\alpha,\beta,\gamma$，因而 $\mathcal{B}=\{(\mathcal{Q}\backslash\{0\})/SO_2\}\times\mathbf{R}^3$. 对于每个关于 $\{0\}\in\mathcal{Q}$ 的三个球，$SO_2$ 作用正是 $(\theta,u)\rightarrow r(\theta)u$，它是产生 Hopf 纤维化的通常作用，所以 $(\mathcal{Q}\backslash\{0\})/SO_2\simeq S^2\times\mathbf{R}^1$. 因而 $\mathcal{B}=S^2\times\mathbf{R}^4$. 这一结论可在[24]中找到，但是四元数计算来自[50].

现在我们来构建 $\mathcal{B}$ 上的局部坐标. 将哈密顿函数(5.5)表示成极坐标得到

$$H=\frac{1}{2M_1}\{R_1^2+(\frac{\Theta_1^2}{r_1^2})\}+\frac{1}{2M_2}\{R_2^2+(\frac{\Theta_2^2}{r_2^2})\}-\frac{m_0m_1}{r_1}-\frac{m_0m_2}{\sqrt{r_2^2+\alpha_0^2r_1^2-2\alpha_0r_1r_2\cos(\theta_2-\theta_1)}}-\frac{m_1m_2}{\sqrt{r_2^2+\alpha_1^2r_1^2+2\alpha_1r_1r_2\cos(\theta_2-\theta_1)}}$$

由于哈密顿函数只依赖于两个极角之差，将坐标的辛变化变为

$$\phi_1=\theta_1$$
$$\phi_2=\theta_2-\theta_1$$
$$\Phi_1=\Theta_1+\Theta_2$$
$$\Phi_2=\Theta_2$$

由于哈密顿函数与 $\phi_1$ 无关，它是可忽略的坐标，并且其共轭 $\Phi_1$，总的角动量是常值. 通过忽略 $\phi_1$ 和设 $\Phi=c$ 实现约化，这里 $c$ 为常值. 约化空间上的哈密顿函数变为

$$H=\frac{1}{2M_1}\{R_1^2+(\frac{(c-\Phi_2)^2}{r_1^2})\}+\frac{1}{2M_2}\{R_2^2+(\frac{\Phi_2^2}{r_2^2})\}-\frac{m_0m_1}{r_1}-\frac{m_1m_2}{\sqrt{r_2^2+\alpha_0^2r_1^2+2\alpha_0r_1r_2\cos(\phi_2)}}-\frac{m_2m_0}{\sqrt{r_2^2+\alpha_1^2r_1^2-2\alpha_1r_1r_2\cos(\phi_2)}}\tag{5.6}$$

哈密顿函数(5.6)有三个自由度,具有辛坐标$(r_1, r_2, \phi_2, R_1, R_2, \Phi_2)$和一个参数$c$.因而我们获得局部坐标中的三体问题的哈密顿函数.

## 5.7 问题

1. 证实$GL_n, O_n, SL_n, SO_n, Sp_n$是群.

2. 证实

- 对于所有$t$,当且仅当$e^{At} \in SL_n$时,$A \in SL_n$.
- 对于所有$t$,当且仅当$e^{At} \in SO_n$时,$A \in SO_n$.
- 对于所有$t$,当且仅当$e^{At} \in Sp_n$时,$A \in Sp_n$.

3. 李代数是具有非结合积$[\cdot,\cdot]:\mathscr{A}\times\mathscr{A}\to\mathscr{A}$的矢量空间$\mathscr{A}$.此积是双变量线性的(双线性),且满足雅可比等式

$$[A,[B,C]]+[B,[C,A]]+[C,[A,B]]=0$$

证实当积是$[A,B]=AB-BA$时,$gl_n, sl_n, so_n, sp_n$是李代数.

4. 方程组$\dot{u}=f(u), u\in\mathbf{R}^{2n}$容许时间反演对称性,或者如果$f(Ru)=-Rf(u)$方程组是可逆的,这里$R$是一个类似于$\mathrm{diag}\{I_n, -I_n\}$的$2n\times 2n$矩阵.所以$R^2=I_{2n}$.证明如果$\phi(t)$是一个解那么$R\phi(-t)$也是解.

5. 记$\ddot{u}+u^3=0$为一个系统并证明$R=\mathrm{diag}\{1,-1\}$使系统可逆.那么$R'=\mathrm{diag}\{-1,1\}$如何?

6. 令$H(u)$为哈密顿函数使得$H(Su)=H(u)$,这里$S$是一个反辛的($S^{\mathrm{T}}JS=-J$),且类似于$\mathrm{diag}\{I_n - I_n\}$的$2n\times 2n$矩阵.证明由$H$定义的系统是可逆的.在此情况下可以说$H$定义一个可逆的哈密顿系统.

7. 证明形式为$H(q,p)=p^{\mathrm{T}}Mp+V(q)$的经典哈密顿系统定义了一个可逆哈密顿系统,这里$M$是一个$n\times n$对称矩阵,且$V:\mathbf{R}^n\to\mathbf{R}$.

8. 证明,限制性问题(2.7)容许时间反演对称性.(提示:$S=\mathrm{diag}(1,-1,-1,1)$.)

# 第六章 周期解理论

本章介绍周期解的基础理论. 解的延拓和解的稳定性. 前两个题目是十分相关的,因为许多有关平衡点的问题与固定点的问题非常相似. 最后,证明周期解与两者是相关的.

## 6.1 平衡点

首先考虑一般系统

$$\dot{z}=f(z) \tag{6.1}$$

式中$f:\mathscr{O}\to\mathbf{R}^n$是光滑的且$\mathscr{O}$是$\mathbf{R}^n$中的开集. 本节中的结果具有局部性,因此可以引入一个坐标系$z$. 假设通解为$\phi(t,\zeta)$,即$\phi(t,\zeta)$是式(6.1)的解使得$\phi(0,\zeta)=\zeta$. 平衡点(停点,临界点,静止点)是$z_0\in\mathscr{O}$使得$f(z_0)=0$. 这产生平衡解$\phi(t,z_0)$使得对于所有$t$,$\phi(t,z_0)\equiv z_0$,所以关于平衡解的存在和唯一性问题是有限维问题. $\partial f(z_0)/\partial z$的特征值被称作平衡点的(特征)指数. 如果$\partial f(z_0)/\partial z$是非奇异的,或等效地,指数均为非零,那么平衡点被称为基本平衡点.

**命题 6.1.1** 基本平衡点是孤立的.

**证明** $f(z_0)=0$ 和 $\partial f(z_0)/\partial z$ 是非奇异的,所以反函数定理可用于$f$;所以存在$f$不为零的 $z_0$ 的邻域.

此后,假设平衡点在原点,即 $z_0=0$. 平衡点的稳定性、分支等的分析起始于对线性化方程的分析. 为此,式(6.1) 可写为

$$\dot{z} = Az + g(z) \tag{6.2}$$

式中 $A=\partial f(0)/\partial z, g(z)=f(z)-Az$,所以 $g(0)=0$ 和 $\partial g(0)/\partial z=0$. $g$ 中包含有非线性项.

通过设定 $g(z)=0$ 得到线性化方程(在 $z_0$ 附近). $A$ 的特征根是平衡点的指数,之所以这样称呼是因为线性化方程(例如,式(6.2) 中 $g(z)\equiv 0$) 拥有含有像 $\exp(\lambda t)$ 项的解,这里 $\lambda$ 是 $A$ 的特征根.

有许多不同的稳定性概念,这是其中的几种:

- 如果对于 $\delta>0$ 的每个 $\varepsilon>0$,使得对于所有 $t\geqslant 0(t\leqslant 0)$ 只要 $\|\zeta\|<\delta$,则 $\|\phi(t,\zeta)\|<\varepsilon$,就可以说平衡点 $z=0$ 是正(负) 稳定的.
- 如果平衡点 $z=0$ 既是正稳定的又是负稳定的,就说它是稳定的.
- 如果平衡点 $z=0$ 不是稳定的,那么它是不稳定的. (形容词"正的" 和"负的" 可以与"不稳定" 一起用. )
- 如果平衡点 $z=0$ 是正稳定的,并且有 $\eta>0$ 使得对于所有 $\|\zeta\|<\eta$,当$t\to+\infty$,$\phi(t,\zeta)\to 0$,平衡点是渐近稳定的.
- 如果平衡点的指数是纯虚数,平衡点是谱稳定. (在哈密顿系统中,平衡点被称作椭圆平衡点. )
- 如果平衡点是谱稳定的,并且矩阵 $A$ 是对角的,那么平衡点是线性稳定的.

在许多书中"稳定的" 是指正稳定,但是上面的约定在哈密顿微分方程理论中是常见的. 如果所有指数都有负实部,那么李雅普诺夫经典定理说明其原点是渐近稳定的,见[18,31,39]. 但是哈密顿矩阵的特征值相对虚轴是对称的,所以这一定理从未应用到哈密顿系统 —— 见[51]. 事实上,由于哈密顿系统定义的流是保积的,平衡点可能绝不是渐近稳定的.

李雅普诺夫也证明了如果一个指数有正实部,那么原点是正不稳定的[18,31,39]. 因而由谱稳定的定义,原点稳定性的必要条件是所有特征值都是纯虚数的. 然而,线性稳定性不意味着稳定 —— 见[51]. 如果所有指数都有非零的实部,那么平衡点被称作双曲平衡点.

现假设微分方程取决于某些参数. 考虑

$$\dot{z} = f(z,\nu) \tag{6.3}$$

式中 $f:\mathscr{O}\times\mathscr{E}\to\mathbf{R}^n$ 是光滑的,$\mathscr{O}$是 $\mathbf{R}^n$ 中的开集,并且 $\mathscr{E}$是 $\mathbf{R}^k$ 中的开集. 通解 $\phi(t,z,\nu)$ 在参数 $\nu$ 中也是光滑的.

假设当$\nu=\nu^*$(即$f(z_0,\nu^*)=0$),$z=z_0$是平衡点. 平衡点的延拓是为$\nu^*$附近$\nu$定义的光滑函数$\eta(\nu)$使得对于$\nu^*$附近的所有$\nu$(即$f(\eta(\nu),\nu)=0$),$\eta(\nu^*)=z_0$,且$\eta(\nu)$是平衡点.

**命题 6.1.2** 基本平衡点可以延拓.

**证明** 将隐函数定理应用到$f(z,\nu)=0$. 假设$f(z_0,\nu^*)=0$,并且$\partial f(z_0,\nu^*)/\partial z$是非奇异的,那么隐函数定理表明函数$\eta(\nu)$的存在,使得$\eta(\nu^*)=z_0$和$f(\eta(\nu),\nu)\equiv 0$.

**推论 6.1.1** 基本平衡点的指数是随参数$\nu$连续变化的.

**证明** 平衡点$\eta(\nu)$的指数是雅可比行列式$\partial f(\eta(\nu),\nu)/\partial z$的特征值. 这个矩阵随参数$\nu$光滑变化,所以它的特征值也是随参数$\nu$连续变化. 这一相关性可能不是可微的.

## 6.2 固定点

考虑一个微分同胚映射

$$z \to z' = f(z) \tag{6.4}$$

式中$f:\mathscr{O}\to \mathbf{R}^n$是光滑的,且$\mathscr{O}$是$\mathbf{R}^n$中的开集. 我们认为$f$是一个定义的离散动力系统,也就是说$z$点的轨道是$\cup_{-\infty}^{+\infty} f^k(z)$,这里$f^k$是$f$的第$k$次迭代,并且

$$f^k = f\circ f\circ\cdots\circ f,\text{对于 } k>0, k\text{ 次}$$

$f^0$是恒等映射

$$f^{-k} = f^{-1}\circ f^{-1}\circ\cdots\circ f^{-1},\text{对于 } k>0, k\text{ 次}$$

固定点是$z_0\in\mathbf{R}^n$使得$f(z_0)=z_0$或$f(z_0)-z_0=0$:有关固定点的存在和唯一性问题是有限维问题. $\partial f(z_0)/\partial z$的特征值被称作固定点的(特征)乘子. 如果$\partial f(z_0)/\partial z-I$是非奇异的,或等效地,这些乘子都是有别于$+1$的,那么固定点被称作基本的.

**命题 6.2.1** 基本固定点是孤立的.

**证明** 将隐函数定理应用于$h(z)=f(z)-z=0$. 由于$h(z_0)=0$且$\partial h(z_0)/\partial z=\partial f(z_0)/\partial z-I$是非奇异的,隐函数定理可用于$h$. 因而,$z_0$存在$h$非零或固定点$f$的邻域.

此后,假设固定点在原点,即$z_0=0$. 固定点稳定性、分支等的分析以分析线性化方程开始. 为此,式(6.4)可写为

$$z\to z' = Az + g(z) \tag{6.5}$$

式中$A=\partial f(0)/\partial z$,$g(z)=f(z)-Az$,那么$g(0)=0$,并且$\partial g(0)/\partial z=0$. $A$的特征值是固定点的乘子. $z_0$处的线性化映射是通过设置$g=0$得到的.

又存在许多不同的稳定性概念. 其中几个为:

- 如果对于每个 $\varepsilon > 0$ 存在 $\delta > 0$ 使得对于所有 $k \geqslant 0(k \leqslant 0)$ 只要 $\|z\| < \delta$,那么 $\|f^k(z)\| < \varepsilon$,就可以说式(6.4)的固定点是正(负)稳定的.
- 如果固定点 $z=0$ 既是正稳定的又是负稳定,就说它是稳定的.
- 如果固定点 $z=0$ 不是稳定的,那么它是不稳定的(形容词"正的"和"负的"可以与"不稳定"一起用.)
- 如果固定点 $z=0$ 是正稳定的,并且有 $\eta > 0$ 使得对于所有 $\|z\| < \eta$,当 $k \to +\infty$, $f^k(z) \to 0$,固定点是渐近稳定的.
- 如果固定点的所有乘子的绝对值为 1,那么固定点是谱稳定的.(对于辛映射,固定点被称作椭圆固定点.)
- 如果固定点是谱稳定的,并且矩阵 $A$ 是对角的,那么固定点是线性稳定的.

如果所有乘子的绝对值都小于 1,那么经典定理表明原点是渐近稳定的,见[18,31]. 但是辛矩阵的特征值是相对单位圆是对称的,所以此定理从不用于辛映射 —— 见[51]. 事实上,由于微分同胚是保积的,固定点可能绝不是渐近稳定的.

同样,如果一个乘子的绝对值大于 1,那么原点是正不稳定的[18,31]. 因而原点稳定性的必要条件是所有特征值的绝对值为 1. 但是线性稳定性并不意味着稳定性. 如果所有乘子的绝对值都不为 1,那么固定点被称作双曲固定点.

现假设微分同胚依赖于某些参数,考虑

$$z \to z' = f(z,\nu) \tag{6.6}$$

式中 $f:\mathscr{O} \times \mathscr{E} \to \mathbf{R}^n$ 是光滑的,$\mathscr{O}$ 是 $\mathbf{R}^n$ 中的开集,$\mathscr{E}$ 是 $\mathbf{R}^k$ 中的开集. $f^k(z,\nu)$ 在参数 $\nu$ 中也是光滑的.

当 $\nu = \nu^*$ 时假设 $z = z_0$ 是固定点(即 $f(z_0,\nu^*) = z_0$). 这一固定点的延拓是为 $\nu^*$ 附近的 $\nu$ 定义的光滑函数 $\eta(\nu)$,使得 $\eta(\nu^*) = z_0$,且对于 $\nu^*$ 附近的所有 $\nu$ 来说 $\eta(\nu)$ 是固定点(即 $f(\eta(\nu),\nu) = \eta(\nu)$).

**命题 6.2.2** 基本固定点可能是连续的,且乘子随参数 $\nu$ 连续变化.

**证明** 将隐函数定理应用于 $h(z,\nu) = f(z,\nu) - z = 0$.

## 6.3 周期微分方程

考虑周期系统

$$\dot{z} = f(t,z) \tag{6.7}$$

式中 $f:\mathbf{R} \times \mathscr{O} \to \mathbf{R}^n$ 是光滑的,$\mathscr{O}$ 是 $\mathbf{R}^n$ 中的开集. 假设 $f$ 是在 $t$ 中以 $T$ 为周期的,$T > 0$,即对于所有 $(t,z) \in \mathbf{R} \times \mathscr{O}$, $f(t+T,z) = f(t,z)$. 假设通解是 $\phi(t,\zeta)$,也

就是说 $\phi(t,\zeta)$ 是式(6.7)的解. 使得 $\phi(0,\zeta)=\zeta$. 式(6.7)的周期解是解 $\phi(t,\zeta_0)$ 使得对于所有 $t$,$\phi(t+T,\zeta_0)\equiv\phi(t,\zeta_0)$.

**引理 6.3.1** $\phi(t,\zeta_0)$ 是以 $T$ 为周期的充要条件是

$$\phi(T,\zeta_0)=\zeta_0 \tag{6.8}$$

**证明** 假设 $\psi(t)=\phi(t+T,\zeta_0)$,利用假设,$\psi(0)=\zeta_0$ 和 $\dot\psi(t)=\dot\phi(t+T,\zeta_0)=f(t+T,\phi(t+T,\zeta_0))=f(t,\phi(t+T,\zeta_0))=f(t,\psi(t))$. 因而 $\psi(t)$ 满足相同的方程和初始条件,所以常微分方程的唯一性定理意味着 $\phi(t,\zeta_0)=\psi(t)=\phi(t+T,\zeta_0)$.

此引理说明关于周期解的存在和唯一性问题最终是有限维问题. 有限维空间的分析与拓扑应该是以回答所有这样的问题.

我们将关于周期解的所有问题简化为微分同胚映射问题. 对于周期系统(6.7),定义周期映射 $P$ 为

$$P(z)=\phi(T,z)$$

所以映射 $z\to z'=P(z)$ 是微分同胚映射. 用以上引理,当且仅当点 $\zeta_0$ 是 $P$ 的固定点时,点 $\zeta_0$ 才是 $T$ 周期解的初始条件.

假设 $\phi(t,\zeta_0)$ 是一个周期解,矩阵 $\partial\phi(T,\zeta_0)/\partial z$ 被称作单值矩阵,且其特征值被称作周期解的(特征)乘子. 注意这些乘子与周期映射的对应固定点的乘子是相同的. 我们说如果对应固定点是稳定的(线性稳定等),那么周期解也是"稳定的"("线性稳定"等).

例子, 描述这些思想的简例是受迫都芬方程(the forced Duffing′s equation). 都芬方程的一种形式为

$$\ddot u+\omega^2u+\gamma u^3=A\cos t$$

假设通过设置 $A=\varepsilon B$,且 $\varepsilon$ 视为小参量处理,受迫是小的. 将方程写为方程组形式为

$$\begin{pmatrix}\ddot u\\ \dot v\end{pmatrix}=\begin{pmatrix}\omega v\\ -\omega u-(\gamma/\omega)u^3+\varepsilon(B/\omega)\cos t\end{pmatrix}$$

当 $\varepsilon=0$ 时,方程组有 $2\pi$ 周期解 $u=v=0$. 这一解的线性变分方程是

$$\begin{pmatrix}\ddot u\\ \dot v\end{pmatrix}=\begin{pmatrix}0 & \omega\\ -\omega & 0\end{pmatrix}\begin{pmatrix}v\\ u\end{pmatrix}$$

基本矩阵解是

$$e^{At}=\begin{pmatrix}\cos\omega t & \sin\omega t\\ -\sin\omega t & \cos\omega t\end{pmatrix}$$

当且仅当 $\omega\neq n,n\in\mathbf{Z}$ 时,也就是说如果固有频率 $\omega$ 不是受迫频率 1 的整数倍时,$e^{A2\pi}-I$ 是非奇异的. 在此情况中,上面理论是说都芬方程有一个小的 $2\pi$ 周期解.

本书中探讨的周期系统的主要例子是第11章中讨论的椭圆型限制性三体问题. 其他所有例子都是自治的(与时间无关的).

## 6.4 自治系统

再考虑一下一般自治系统

$$\dot{z} = f(z) \tag{6.9}$$

式中$f:\mathscr{O}\to \mathbf{R}^n$是光滑的,$\mathscr{O}$是$\mathbf{R}^n$中的开集. 假设通解是$\phi(t,\zeta)$. 正如以上一样,当且仅当

$$\phi(T,\zeta_0) = \zeta_0 \tag{6.10}$$

解$\phi(t,\zeta_0)$是以$T$为周期的,$T > 0$. 由于周期$T$不是由方程定义的,因而存在一个没有外部时钟的问题.

在式(6.10)上使用隐函数定理来求周期解局部唯一性的条件是诱人的. 将隐函数定理应用于式(6.10),矩阵$\partial\phi(T,\zeta_0)/\partial z - I$将为非奇异,或者相当于,1不是乘子. 但是这绝不会发生.

**引理6.4.1** 式(6.9)的周期解绝不孤立,且$+1$一直是一个乘子. 事实上,$f(\zeta_0)$是相当于特征值$+1$的单值矩阵的特征矢量.

**证明** 由于式(6.9)是自治的,它定义一个局部动力学系统,所以一个解的时间变换仍是一个解. 因此,周期解不是孤立的. 将群关系式$\phi(\tau,\phi(t,\zeta_0)) =\phi(t + \tau,\zeta_0)$对$t$微分,并设置$t = 0$和$\tau = T$,有

$$\frac{\partial\phi}{\partial z}(T,\zeta_0)\dot{\phi}(0,\zeta_0) = \dot{\phi}(T,\zeta_0)$$

$$\frac{\partial\phi}{\partial z}(T,\zeta_0)f(\zeta_0) = f(\zeta_0)$$

由于周期解不是平衡点,所以$f(\zeta_0) \neq 0$.

因为这一引理,正确的概念是"孤立周期轨道". 为了克服隐含在这一引理中的困难,引入一个横截面. 假设$\phi(t,\zeta_0)$是一个周期解. 周期解的横截面,或简称截面是过$\zeta_0$点并横截于$f(\zeta_0)$的一维超平面$\Sigma$. 例如,$\Sigma$应为超平面$\{z:a^{\mathrm{T}}(z-\zeta_0)=0\}$,这里$a$是带有$a^{\mathrm{T}}f(\zeta_0) \neq 0$的常矢量. 周期解起始于截面,并过时间$T$后返回到该截面. 利用解相对于初始条件的连续性邻近的解也可以进行相同操作. 见图6.1. 因此如果$z$接近$\Sigma$上的$\zeta_0$,那么存在接近$T$的时间$\mathscr{T}(z)$使得$\phi(\mathscr{T}(z),z)$是在$\Sigma$上. $\mathscr{T}(z)$被称作庞加莱时间. 截面映射,或庞加莱映射,被定义为映射$P:z\to\phi(\mathscr{T}(z),z)$,它是从$\Sigma$中$\zeta_0$的邻域$N$到$\Sigma$的映射.

**引理6.4.2** 如果$\Sigma$中$\zeta_0$的邻域$N$足够小,那么庞加莱时间$\mathscr{T}:N\to\mathbf{R}$和

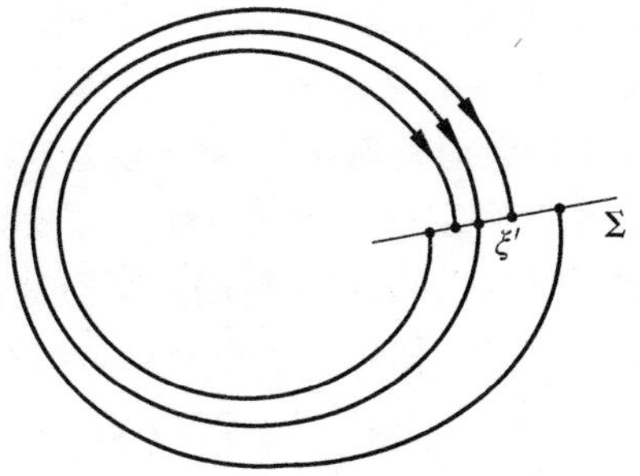


图 6.1　横截面

庞加莱映射 $PN \to \Sigma$ 是光滑的.

**证明**　假设 $\Sigma = \{z : a^{\mathrm{T}}(z - \zeta_0) = 0\}$，这里 $a^{\mathrm{T}}f(\zeta_0) \neq 0$. 考虑函数 $g(t,z) = a^{\mathrm{T}}(\phi(t,\zeta) - \zeta_0)$. 由于 $g(T,\zeta_0) = 0$ 和 $\partial g(T,\zeta_0)/\partial t = a^{\mathrm{T}}\phi(T,\zeta_0) = a^{\mathrm{T}}f(\zeta_0) \neq 0$，隐函数定理给出光滑函数 $\mathscr{T}(z)$ 使得 $g(\mathscr{T}(z), z) = 0$. 如果 $g$ 是零，那么它定义 $\Sigma$ 使得庞加莱时间 $\mathscr{T}$ 是光滑的. 庞加莱映射是光滑的是因为它是两个光滑映射的合成产物.

周期解作为 $P$ 的固定点呈现，由于 $(\mathscr{T}(z^+), z^+)$ 应满足式(6.8)，毫无疑问，$P$ 的任意一个初始点 $z^+$ 都是周期为 $\mathscr{T}(z^+)$ 的周期解的初始条件. 对于某些整数使得 $P^k(z^+) = z^+$ 的点 $z^+ \in \mathbf{N}$ 被称作周期为 $k$ 的 $P$ 的周期点. 式(6.9)通过这样的周期点的解将是以大约 $kT$ 为周期的周期解.

单值矩阵和乘子的定义与周期系统的相同.（的确，自治系统对于任意 $T$ 是一个 $T$ 周期系统.）

**引理 6.4.3**　如果周期解的乘子是 $1, \lambda_2, \cdots, \lambda_n$，那么庞加莱映射对应固定点的乘子是 $\lambda_2, \cdots, \lambda_n$.

**证明**　首先变换坐标使得 $\zeta_0 = 0$，然后转动坐标，使得 $f(\zeta_0) = (1, 0, \cdots, 0)$，因此 $\Sigma$ 是超平面 $z_1 = 0$. 假设 $B = \partial\phi(T,\zeta_0)/\partial z$，为单值矩阵. 利用引理 6.4.1，$f(\zeta_0)$ 是相当于特征值 $+1$ 的 $B$ 的特征矢量. 在这些坐标中

$$B = \begin{pmatrix} 1 & \times & \times & \times & \times \\ 0 & & & & \\ \vdots & & A & & \\ 0 & & & & \end{pmatrix}$$

显然 $B$ 的特征矢量与 $A$ 的特征值一起均是 $+1$.

我们也称特征值 $\lambda_2, \cdots, \lambda_n$ 为周期轨道的不平凡乘子. 回想起轨道被认为是 $\mathbf{R}^n$ 中的一个曲线，是一个解，所以它不受重新参数化的影响. 一个周期为 $T$ 的轨道如果它有一个邻域 $L$，在 $L$ 中没有周期接近 $T$ 的其他周期轨道，那么它是孤立的. 但是可能在孤立的周期轨道附近存在周期大许多的周期解. 当且仅当

庞加莱映射的相应固定点是孤立固定点时，周期轨道才是孤立的. 如果周期轨道的非平凡乘子均不为 $+1$，那么它被称作基本周期轨道. 如上，我们有：

**命题 6.4.1** 基本周期轨道是孤立的，且可以是连续的.

如果庞加莱映射的相应固定点有相同特性，我们就说周期解是稳定的、谱稳定的等. 但是注意：时序是缺失的，稳定性的定义不是通常的归功于李雅普诺夫的那个定义. 通常的定义如下：如果对于每个 $\varepsilon > 0$，存在 $\delta > 0$，使得对于所有 $t \in \mathbf{R}$，倘若 $\|\zeta - \zeta_0\| < \delta$，则 $\|\phi(t,\zeta) - \phi(t,\zeta_0)\| < \varepsilon$，那么，周期解 $\phi(t,\zeta_0)$ 是李雅普诺夫稳定的.

此处使用的定义通常称作轨道稳定性. 假设 $\phi(t,\zeta_0)$ 是周期解，并令 $\mathscr{P} = \{\phi(t,\zeta_0) : t \in \mathbf{R}\}$，所以 $\mathscr{P}$ 是此周期解的轨道. 如果对于每个 $\varepsilon > 0$，存在 $\delta > 0$，使得对于所有 $t \in \mathbf{R}$ 倘若 $\|\zeta - \zeta_0\| < \delta$，则 $d(\phi(t,\zeta), \mathscr{P}) < \varepsilon$，那么周期解 $\phi(t,\zeta_0)$ 是轨道稳定的. 这里 $d$ 是从点到集合的距离.

**例子** 考虑系统

$$\dot{u} = v(1 + u^2 + v^2)$$
$$\dot{v} = -u(1 + u^2 + v^2)$$

或，用极坐标表示

$$\dot{r} = 0$$
$$\dot{\theta} = -1 - r^2$$

所有解都是周期的，但是解是变化的. 每个轨道是以原点为中心的圆. 如果两个点是相近的，那么它们所在的圆同样是相近的. 但是在每个圆中的角速度是不同的，所以如果开始时彼此接近但是是在不同圆上的两个解，那么经过一段时间它们会离得很远. 这些解是轨道稳定的(或在我们感觉中是稳定的)，但不是李亚普诺夫稳定. 为了见到这些解在我们感觉中是稳定的，注意到 $\theta = 0, r > 0$ 是所有不平衡解的横截面，庞加莱映射是恒等映射.

**例子** 考虑系统

$$\dot{u} = v + u(1 - u^2 - v^2)$$
$$\dot{v} = -u + v(1 - u^2 - v^2)$$

用极坐标表示为

$$\dot{r} = r(1 - r^2)$$
$$\dot{\theta} = -1$$

原点是基本平衡点，且单位圆是基本周期轨道. 为见到后面的要求，考虑横截面 $\theta \equiv 0 \bmod 2\pi$. 庞加莱时间是 $2\pi$. 关于 $r = 1$ 的线性化方程是 $\dot{r} = -2r$，所以线性化的庞加莱映射是 $r \to r\exp(-4\pi)$. 此固定点的乘子是 $\exp(-4\pi)$.

## 6.5 积分系统

正如所见,周期解的单值矩阵有 +1 作为其乘子. 如果方程(6.9)是哈密顿的,单值矩阵应该是辛矩阵,所以特征值 +1 的代数重度应该是偶数,这里至少是2. 实际上,这一简化归功于自治哈密顿系统有一个积分这一事实.

整个这一节假设方程(6.9) 容许有一个积分 $F$,这里 $F$ 是从 $\mathscr{O}$ 到 $\mathbf{R}$ 的光滑映射,且假设 $\phi(t,\zeta_0)$ 是周期为 $T$ 的周期解. 此外,假设积分 $F$ 在这个周期解上是非退化的,也就是 $\nabla F(\zeta_0)$ 是非零的. 对于一个哈密顿系统,由于 $\nabla H(\zeta_0)=0$ 意味着平衡态,哈密顿函数 $H$ 在非平衡解上总是非退化的.

**引理 6.5.1** 如果 $F$ 在周期解 $\phi(t,\zeta_0)$ 上是非退化的,那么乘子 +1 的代数重度至少为2. 此外行向量 $\partial F(\zeta_0)/\partial x$ 是相当于特征值 +1 的单值矩阵的左特征向量.

**证明** 将 $F(\phi(t,\zeta))\equiv F(z)$ 对 $z$ 微分,并设置 $z=\zeta_0$ 和 $t=T$,有

$$\frac{\partial F(\zeta_0)}{\partial z}\frac{\partial \phi(T,\zeta_0)}{\partial z}=\frac{\partial F(\zeta_0)}{\partial z}$$

它暗示引理的第二部分. 选择坐标使得 $f(\zeta_0)$ 是列向量 $(1,0,\cdots,0)^{\mathrm{T}}$, $\partial F(\zeta_0)/\partial z$ 是左特征向量,单值矩阵 $B=\partial\phi(T,\zeta_0)/\partial z$ 的形式为

$$B=\begin{pmatrix} 1 & \times & \times & \times & \times \\ 0 & 1 & 0 & 0 & 0 \\ 0 & \times & \times & \times & \times \\ 0 & \times & \times & \times & \times \\ \vdots & & & & \\ 0 & \times & \times & \times & \times \end{pmatrix}$$

展开为子式,并令 $p(\lambda)=\det(B-\lambda I)$. 首先按第一列展开得到 $p(\lambda)=(1-\lambda)\det(B'-\lambda I)$,这里 $B'$ 是通过消去 $B$ 的第一行和第一列后得到的$(m-1)\times(m-1)$ 矩阵. 接下来,按第一行展开 $\det(B'-\lambda I)$ 得到 $p(\lambda)=(1-\lambda)^2\det(B''-\lambda I)=(1-\lambda)^2q(\lambda)$,这里$B''$是通过消去$B$的前两行和前两列后得到的$(m-2)\times(m-2)$ 矩阵.

再一次存在一个由这一引理暗指的用于简并的好的几何因由. 周期解位于积分的一个$(m-1)$ 维水平集合中,且典型地位于积分的邻近水平集合中,存在一个周期轨道. 所以周期轨道不是孤立的.

考虑庞加莱映射 $P:N\to\Sigma$,这里 $N$ 是 $\Sigma$ 中 $w'$ 的邻域. 令 $\xi$ 是 $w'$ 处的流箱坐标,也就是说,$\xi$ 是相当于 $\xi=0$ 的 $w'$ 点处的带有 $w'$ 的局部坐标系,且在这些坐

标中方程(6.9) 是 $\dot{\xi}_1=1,\dot{\xi}_2=0,\cdots,\dot{\xi}_n=0$ 及 $F(\xi)=\xi_2$—— 见[51]. 在这些坐标中我们可取 $\Sigma$ 为 $\xi_1=0$. 由于 $\xi_2$ 是这些坐标中的积分,$P$ 将水平集合 $\xi_2=$ 常数映射到其自身,所以我们可以忽略 $P$ 的 $\xi_2$ 分量. 令 $e=\xi_2$,令 $\Sigma_e$ 是 $\Sigma$ 与水平集合 $F=e$ 的交线,并假设 $\xi_3,\cdots,\xi_n$ 是 $\Sigma_e$ 中的坐标. 这里 $e$ 被认为是一个参数(积分值). 在这些坐标中,庞加莱映射 $P$ 是 $\zeta=(\xi_3,\cdots,\xi_n)$ 和参数 $e$ 的函数. 因此 $P(e,\zeta)=(e,Q(e,\zeta))$,这里对于固定的 $e$,$Q(e,\cdot)$ 是 $\Sigma_e$ 中原点的邻域 $N_e$ 到 $\Sigma_e$ 中的映射. $Q$ 被称作积分曲面内的庞加莱映射. $\partial Q(0,0)/\partial\zeta$ 的特征值被称作积分曲面内固定点的乘子或非平凡乘子. 依据如上相同论点,有以下引理.

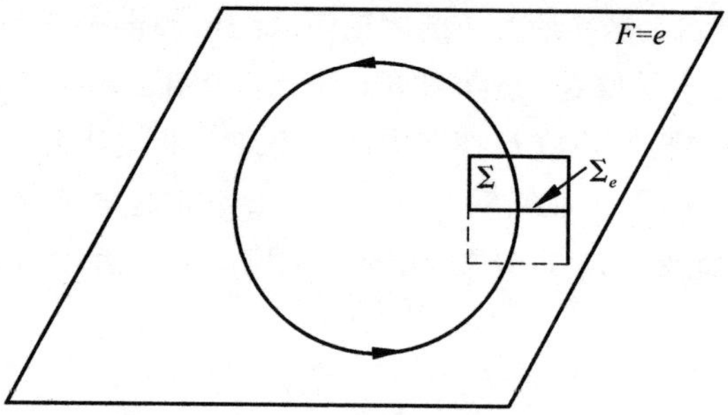


图 6.2　积分曲面内的庞加莱映射

**引理 6.5.2**　如果具有非退化积分的系统的周期解的乘子是 $1,1,\lambda_3,\cdots,\lambda_n$,那么积分曲面上的固定点的乘子是 $\lambda_3,\cdots,\lambda_n$.

**引理 6.5.3**　如果系统是哈密顿系统,那么积分曲面上的庞加莱映射是辛的.

**证明**　使用哈密顿流形定理(见[51])得到辛流形坐标$(\xi,\eta)$. 在此情况中,$H=\eta_1$,且对于 $i=2,\cdots,n$,方程是 $\dot{\xi}_1=1,\dot{\xi}_i=0$,且对于 $i=1,\cdots,n,\dot{\eta}_i=0$. 横截面是 $\xi_1=0$,积分参数是 $\eta_1=e$. 在这些坐标中积分曲面内的庞加莱映射是 $\Sigma_e$ 上的辛坐标项 $\xi_2,\cdots,\xi_n,\eta_2,\cdots,\eta_n$. 由于总的映射$(\xi,\eta)\to\phi(T,(\xi,\eta))$ 是辛的,映射 $\zeta\to Q(e,\zeta)$ 是辛的.

如果非平凡乘子中没有一个是 1,且积分在周期解上是非退化的,那么我们说周期解(固定点的)是基本的或非退化的.

**定理 6.5.1**(圆柱定理)　具有积分的系统的基本周期轨道位于由积分 $F$ 参数化后的周期解的光滑圆柱内. (见图 6.3)

**证明**　将隐函数定理应用于 $Q(e,y)-y=0$ 可得到每个积分面 $F=e$ 上固定点 $y^*(e)$ 的单参数族.

在相同情况中我们有以下重要的微扰定理.

**定理 6.5.2**　假设 $H_\varepsilon:P_\varepsilon\to\mathbf{R}$ 是对于 $|\varepsilon|\leqslant\varepsilon_0$ 的哈密顿函数的光滑单参数族. 假设 $\phi$ 是哈密顿函数为 $H_0$ 的系统的非退化 $T$ 周期解. 令 $h_0=H_0(\phi(t))$.

那么存在一个 $\varepsilon_1 > 0$ 和光滑函数 $T(\varepsilon,h),\Phi(t,\varepsilon,h)$ 使得对于 $|\varepsilon| < \varepsilon_1$,和 $|h-h_0| < \varepsilon_1$ 有:

1. $T(0,h_0)=T,\Phi(t,0,h_0)=\phi(t)$
2. $H_\varepsilon(\Phi(t,\varepsilon,h))=h$
3. $\Phi(t,\varepsilon,h)$ 是哈密顿函数为 $H_\varepsilon$ 的系统的 $T(\varepsilon,h)$ 周期解.

这是一个基本的经典的结果(见 Meyer 和 Hall[51] 或 Abraham 和 Marsden[1]). 其证明是隐函数定理到限制能级的庞加莱映射的一个简单应用.

解 $\phi(t,\varepsilon,h)$ 被称作 $\phi(t)$ 的延拓.

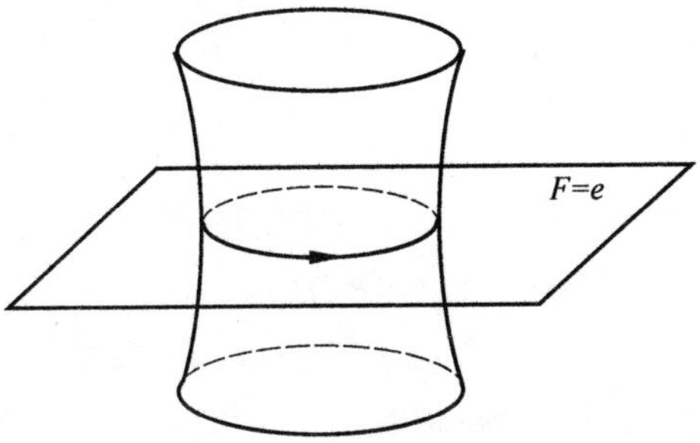


图 6.3　周期解的圆柱

## 6.6　对称系统

如前,假设 $\Psi:\mathscr{G}\times\mathscr{m}\to\mathscr{m}$ 是流形 $\mathscr{m}$ 上的李群 $\mathscr{G}$(具有代数 $\mathscr{u}$) 的一个作用,并且假设存在一个定义在 $\mathscr{m}$ 上的光滑矢量场 $X$ 使得在局部坐标中 $X$ 有微分方程形式

$$\dot{z}=f(z) \tag{6.11}$$

假设通解为 $\phi(t,\zeta)$. 假设对于方程(6.11),$\mathscr{G}$是对称群,因此对于所有 $t\in\mathbf{R},g\in\mathscr{G},\zeta\in\mathscr{m}$ 有

$$\phi(t,\Psi(g,\zeta))=\Psi(g,\phi(t,\zeta)) \tag{6.12}$$

有时最好通过下移到商空间来研究由式(6.11)定义的流,有时却不是. 约化空间可能各处不是流形,并且难以全局性地确定约化空间的本性. 有关周期解的问题是局部问题,所以有关约化空间的全局性假设可能与手头的问题关系不大. 这里我们简单留意一下整个 $\mathscr{m}$ 上的而不是约化空间上的周期解.

如果存在一个 $g\in\mathscr{G}$使得

$$\phi(T,\zeta_0)=\Psi(g,\zeta_0) \tag{6.13}$$

周期解 $\phi(t,\zeta_0)$ 在时间 $T$ 就回到对称结构.

**引理6.6.1** 如果式(6.13)有效,那么对于所有 $n\in\mathbf{Z}$,$\phi(nT,\zeta_0)=\Psi(g^n,\zeta_0)$.

**证明** 对于 $n=0,1$,公式有效.假设其对于某一 $n>1$ 有效,那么

$$\phi((n+1)T,\zeta_0)=\phi(T,\phi(T,\zeta_0))=\phi(T,\Psi(g^n,\zeta_0))=$$
$$\Psi(g^n,\phi(T,\zeta_0))=\Psi(g^n,\Psi(g,\zeta_0))=$$
$$\Psi(g^{n+1},\zeta_0)$$

所以对于正 $n$,公式有效.对于负 $n$,注意到

$$\phi(T,\Psi(g^{-1},\zeta_0))=\Psi(g^{-1},\phi(T,\zeta_0))=\Psi(g^{-1}\Psi(g,\zeta_0))=\zeta_0$$

和

$$\Psi(g^{-1},\zeta_0)=\phi(-T,\phi(T,\Psi(g^{-1},\zeta_0))=\phi(-T,\zeta_0)$$

并如前归纳.

因而如果一个解一旦回到对称结构,它将周期性地回复.这有两种情况:

考虑映射 $\Psi(\cdot,\zeta_0):\mathscr{G}\to m$.这一映射的映射由 $\mathscr{D}\subset m$ 表示,是通过群作用点 $\zeta_0$ 的映象的集合;被称为过点 $\zeta_0$ 的 $\mathscr{G}$ 的轨道.对于每个 $a\in u$,$\Psi_a(t,\zeta)=\Psi(e^{at},\zeta)$ 是与 $\phi(t,\zeta)$ 交换的流.假设

$$V=\left\{\frac{\mathrm{d}\psi_a(t,\zeta_0)}{\mathrm{d}t}\bigg|_t=0:a\in u\text{ 和 }ge^{at}\equiv e^{at}g\right\}$$

$V$ 是在点 $\zeta_0$ 正切与 $\mathscr{D}$ 的正切矢量的集合.令 $w=\phi(0,\zeta_0)$.两种情况是:(ⅰ)$w\in V$,在此情况中,称解 $\phi(t,\zeta_0)$ 为相对平衡;(ⅱ)$w\notin V$,在此情况中,称解 $\phi(t,\zeta_0)$ 为相对周期解.

为了求取相对周期解,必须解式(6.13),或等价地,对于 $g,T,\zeta_0$,解

$$\Psi(g^{-1},\phi(T,\zeta))\mid_{\zeta=\zeta_0}=\zeta_0 \tag{6.14}$$

定义相对周期解(平衡)的(特征)乘子是

$$\frac{\partial\Psi(g^{-1},\phi(T,\zeta))}{\partial\zeta}\bigg|_{\zeta=\zeta_0}$$

的特征值.

**引理6.6.2** 令 $V$ 的维数是 $s$.那么相对平衡拥有重数至少为 $s$ 的乘子 $+1$,相对周期解拥有重数至少为 $s+1$ 的乘子 $+1$.

**证明** 由于所有作用 $\Psi,\psi_a,\phi$ 可交换,方程(6.14)意味着

$$\Psi(g^{-1},\phi(T,\psi_a(t,\zeta_0)))\equiv\psi_a(t,\zeta_0)$$

将此式对 $t$ 微分,并设置 $t=0$,得到

$$\frac{\partial\Psi(g^{-1},\phi(T,\zeta_0))}{\partial\zeta}\frac{\mathrm{d}\psi_a(t,\zeta)}{\mathrm{d}t}\bigg|_{t=0}=\frac{\mathrm{d}\psi_a(t,\zeta)}{\mathrm{d}t}\bigg|_{t=0}$$

所以 $V$ 中的每个矢量是对应于特征值 $+1$ 的特征矢量.因而,重数至少为 $s$.

同样有

$$\Psi(g^{-1},\phi(T,\phi(t,\zeta_0)))=\phi(t,\zeta_0)$$

将此式对 $t$ 微分,并设置 $t=0$,得到

$$\frac{\partial\Psi(g^{-1},\phi(T,\zeta_0))}{\partial\zeta}\frac{\mathrm{d}\phi(t,\zeta)}{\mathrm{d}t}\bigg|_{t=0}=\frac{\mathrm{d}\psi(t,\zeta)}{\mathrm{d}t}\bigg|_{t=0}$$

所以 $w=\dot{\phi}(T,\zeta_0)$ 也是对应于特征值 $+1$ 的特征矢量. 如果 $w\notin V$,那么重数至少为 $s+1$.

## 6.7 对称哈密顿系统

假设我们处在5.5节一样的情况中,也就是,假设 $\mathscr{m}$ 是 $2n$ 维的辛流形;$\Psi$: $\mathscr{G}\times\mathscr{m}\to\mathscr{m}$ 是 $m$ 维李群 $\mathscr{G}$ 的辛作用,$\mathscr{u}$ 是 $\mathscr{G}$ 的代数,$H:\mathscr{m}\to\mathbf{R}$ 是一个哈密顿函数,它容许 $\mathscr{G}$ 与对称群一样.

假设存在代数 $\mathscr{u}$ 的 $m$ 个元,可给出 $m$ 个积分 $F_1,\cdots,F_m:\mathscr{m}\to\mathbf{R}$. 令 $\mathbf{F}:(F_1,\cdots,F_m)$. 假设 $a\in\mathbf{R}^m$ 是 $\mathbf{F}$ 的正则值,所以 $\mathscr{n}=\mathbf{F}^{-1}(a)$ 是 $(2n-m)$ 维 $\mathscr{m}$ 的一个子流形. 令 $\mathscr{G}_a$ 是使 $\mathscr{n}$ 固定的 $\mathscr{G}$ 的子群. 现在 $\mathscr{G}_a$ 像对称群一样作用于 $\mathscr{n}$. 像上一节一样定义 $V$ 和 $s$.

**引理 6.7.1** 在上述假设下,相对平衡具有重度至少为 $m+s$ 的乘子 $+1$,且相对周期解具有重度至少为 $m+s+2$ 的乘子 $+1$.

对于空间 $N$ 体问题,我们有 $m=3+3=6$ 和 $s=3+1=4$,所以相对周期解具有重度至少为12的乘子 $+1$. 对于平面 $N$ 体问题,有 $m=2+1=3$ 和 $s=2+1=3$,所以相对周期解具有重度至少为6的乘子 $+1$. 它们是十足的退化问题!

一个较明显的、较少几何、更多代数的结果如下. 令 $\mathscr{F}$ 是具有哈密顿函数 $H$ 的系统的所有积分的集合(所以特别地,$H\in\mathscr{F}$),$W=\{J\nabla F(\zeta_0):F\in\mathscr{F}\}\subset\mathbf{R}^{2n}$,$Z=\{n\in W:\{u,W\}=0\}$.

**定理 6.7.1** 周期解的乘子 $+1$ 的几何重数至少是 $W$ 的维数. 周期解的乘子 $+1$ 的代数重数至少是 $W$ 的维数加 $Z$ 的维数.

**证明** 见 Meyer 1973[50].

## 6.8 问题

在考虑这里最开始的几个问题前,查阅一下第五章后部的几个问题.

1. 考虑容许时间反演对称性 $f(Ru)=-Rf(u)$ 的方程组 $\dot{u}=f(u)$,$u\in\mathbf{R}^{2n}$,

这里 $R$ 是一个 $2n\times 2n$ 矩阵使得 $\mathbf{R}$ 是类似于 $\mathrm{diag}\{I_n, -I_n\}$ 的. 令 $FIX=\{u\in \mathbf{R}^{2n}:Su=u\}$. 证明 $FIX$ 是 $\mathbf{R}^{2n}$ 的一个 $n$ 维子空间. 证明如果 $\phi(t)$ 是一个解,且 $\phi(0)\in FIX,\phi(T)\in FIX,T>0$,那么 $\phi(t)$ 是一个 $2T$ 为周期的解,且此周期解的轨道通过 $\mathbf{R}$ 可以被带入它本身. 这样的周期解被称作对称周期解.

2. 令 $S$ 是一个类似于 $\mathrm{diag}\{I_n, -I_n\}$ 的反辛的($S^{\mathrm{T}}JS=-J$),$2n\times 2n$ 矩阵. 证明 $S$ 的固定点的集合 $FIX=\{u\in \mathbf{R}^{2n}:Su:u\}$ 是一个拉格朗日子空间. $\mathbf{R}^{2n}$ 的拉格朗日子空间是一个 $n$ 维线性子空间使得泊松括号($\{u,v\}$)恒等于零.

3. 证明在时间 $t=0$ 和 $t=T,T>0$ 时与会合轴正交的限制性三体问题的解是一个对称的以 $2T$ 为周期的解.

4. (Gareth Roberts) 证明当且仅当解在约化空间变为平衡时,它才正如文中所定义的是相对平衡的.

# 卫星轨道

# 第七章

这里我们利用以上几章研究的方法证明庞加莱“第一类周期轨道”的存在性. 第一类是指解是平面的或接近圆的. 我们不遵循庞加莱的原始证明. 使用离散对称性,讨论在 $t=0$ 时刻三个天体是共线的,即在 $t=T>0$ 时刻,当它们以周期 $T$ 周期性地回到它们的同样相对位置时它们是否重新共线. 这就是说,它们的解在固定空间没必要是周期性的,但是当旋转对称性被消除时这些解是周期性的. 事实上,庞加莱证明了周期解在约化空间上的存在性,我们称之为相对周期解. 他的证明没有给出有关这些解的特征乘子的任何信息,所以也不含有有关这些轨道的稳定性的信息. 这一证明仅给出解是椭圆且线性稳定的.

## 7.1 卫星问题的主要问题

在天体力学中,“主要问题”是首次近似方程,因此“定义主要问题”是提出产生首次近似修正方程的假设. 希尔对天体力学的一个主要贡献是重新定义了月球理论的主要问题——详见第 11 章. 我们在此将定义庞加莱第一类周期解的主要问题.

考虑固定牛顿坐标系，并假设$(\mathbf{q}_0,\mathbf{q}_1,\mathbf{q}_2;\mathbf{p}_0,\mathbf{p}_1,\mathbf{p}_2)$是质量为$m_0,m_1,m_2$的三个质点，相对这一坐标系的位置矢量和动量矢量. 在我们通常的讨论中，我们提及的质量$m_0$的质点为太阳，质量$m_1$和$m_2$质点为卫星.

由于我们希望消除质心运动，选择将方程用雅可比坐标$(\mathbf{q},\mathbf{x}_1,\mathbf{x}_2,\mathbf{G},\mathbf{y}_1,\mathbf{y}_2)$表示，并设$\mathbf{g}=\mathbf{G}=0$. 也就是，我们完成坐标的以下辛变化：

$$\mathbf{x}_1=\mathbf{q}_1-\mathbf{q}_0$$

$$\mathbf{x}_2=\mathbf{q}_2-(m_0+m_1)^{-1}\{m_0\mathbf{q}_0+m_1\mathbf{q}_1\}$$

$$\mathbf{y}_1=(m_0+m_1)^{-1}\{m_0\mathbf{p}_1-m_1\mathbf{p}_0\}$$

$$\mathbf{y}_2=(m_0+m_1+m_2)^{-1}\{(m_0+m_1)\mathbf{p}_2-m_2(\mathbf{p}_0+\mathbf{p}_1)\}$$

得到

$$H=\sum_{i=1}^{2}\left(\frac{\|\mathbf{y}_i\|^2}{2M_i}\right)-\frac{m_0m_1}{\|\mathbf{x}_1\|}-\frac{m_1m_2}{\|\mathbf{x}_2-\alpha_0\mathbf{x}_1\|}-\frac{m_2m_0}{\|\mathbf{x}_2+\alpha_1\mathbf{x}_1\|}\qquad(7.1)$$

式中

$$M_1=\frac{m_0m_1}{m_0+m_1}$$

$$M_2=\frac{m_2(m_0+m_1)}{m_0+m_1+m_2}$$

$$\alpha_0=\frac{m_0}{m_0+m_1}$$

$$\alpha_1=\frac{m_1}{m_0+m_1}$$

这一问题的主要假设是太阳在质量上远大于卫星，即我们量化

$$m_1\to\varepsilon m_1$$

$$m_2\to\varepsilon m_2$$

所以

$$M_1=\varepsilon m_1+O(\varepsilon^2)$$

$$M_2=\varepsilon m_2+O(\varepsilon^2)$$

变量量化是通过

$$\mathbf{y}_1\to\varepsilon\mathbf{y}_1$$

$$\mathbf{y}_2\to\varepsilon\mathbf{y}_2$$

它是辛的，并具有乘子$\varepsilon^{-1}$，所以哈密顿函数变为

$$H=\left\{\frac{\|\mathbf{y}_1\|^2}{2m_1}-\frac{m_0m_1}{\|\mathbf{x}_1\|}\right\}+\left\{\frac{\|\mathbf{y}_2\|^2}{2m_2}-\frac{m_0m_2}{\|\mathbf{x}_2\|}\right\}+O(\varepsilon)\qquad(7.2)$$

见上，注意到$\|\mathbf{q}_1-\mathbf{q}_0\|=\|\mathbf{x}_1\|$和$\|\mathbf{q}_2-\mathbf{q}_0\|=\|\mathbf{x}_2\|+O(\varepsilon)$. 因此到一阶，此问题是两个开普勒问题.

现在从直角坐标 $\mathbf{x}_1,\mathbf{x}_2,\mathbf{y}_1,\mathbf{y}_2$ 变化到极坐标 $r_1,\theta_1,r_2,\theta_2,R_1,\Theta_1,R_2,\Theta_2$，因此哈密顿函数变为

$$H=\frac{1}{2m_1}\{R_1^2+\frac{\Theta_1^2}{r_1^2}\}-\frac{m_0m_1}{r_1}+\frac{1}{2m_2}\{R_2^2+\frac{\Theta_2^2}{r_2^2}\}-\frac{m_0m_2}{r_2}+O(\varepsilon)$$

总的角动量 $\mathbf{O}=\Theta_1+\Theta_2$ 是一个积分，此问题在旋转下是不变，所以 $H$ 在变换 $(\theta_1,\theta_2)\to(\theta_1+\gamma,\theta_2+\gamma)$ 下不变. 因而为降到约化空间，进行变量的以下辛变化：

$$\phi_1=\theta_1$$
$$\Phi_1=\Theta_1+\Theta_2$$
$$\phi_2=\theta_2-\theta_1$$
$$\Phi_2=\Theta_2$$

现在 $\phi_1$ 可忽略，$\Phi_1$ 是一个积分，所以在约化空间上忽略 $\phi_1$，并设 $\Phi_1=c$ 是常值. 约化空间上的局部坐标是 $r_1,r_2,\phi_2,R_1,R_2,\Phi_2$，并且哈密顿函数变为

$$H=\frac{1}{2m_1}\{R_1^2+\frac{(c-\Phi_2)^2}{r_1^2}\}-\frac{m_0m_1}{r_1}+\frac{1}{2m_2}\{R_2^2+\frac{\Phi_2^2}{r_2^2}\}-\frac{m_0m_2}{r_2}+O(\varepsilon)$$

主要问题是从以上的 $\varepsilon=0$ 的哈密顿函数中得到方程，也就是首次近似.

## 7.2 解的延拓

设 $\varepsilon=0$ 使得问题完全解耦，$\Phi_2$ 重新是一个积分. 假设 $\Phi_2=b,c=a+b$，那么当 $\varepsilon=0$ 时约化空间上的运动方程为

$$\dot{r}_1=\frac{R_1}{m_1}$$
$$\dot{R}_1=\frac{a^2}{m_1r_1^3}-\frac{m_0m_1}{r_1^2}$$
$$\dot{r}_2=\frac{R_2}{m_1}$$
$$\dot{R}_2=\frac{b^2}{m_2r_2^3}-\frac{m_0m_2}{r_2^2}$$
$$\dot{\phi}_2=\frac{b}{m_2r_2^2}-\frac{a}{m_1r_1^2}$$
$$\dot{\Phi}_2=0$$

$r_1,R_i$ 方程在以下位置存在临界点

$$r_1=\tilde{r}_1=\frac{a^2}{m_0m_1^2},R_1=0$$

$$r_2 = \tilde{r}_2 = \frac{b^2}{m_0 m_2^2}, R_2 = 0$$

且这一临界点的差分方程是

$$\ddot{r}_1 + n_1^2 r_1 = 0$$
$$\ddot{r}_2 + n_2^2 r_2 = 0$$

式中

$$n_1 = \frac{m_0^2 m_1^3}{a^3}$$
$$n_2 = \frac{m_0^2 m_2^3}{b^3}$$

这些量值正是开普勒问题圆解的平均近点角. 回想一下,开普勒问题圆轨道的平均近点角正是其频率.

当 $r_1 = \tilde{r}_1, r_2 = \tilde{r}_2, R_1 = 0, R_2 = 0$ 时 $\phi_2$ 的方程是

$$\dot{\phi}_2 = n_2 - n_1 = N$$

因此当 $\varepsilon = 0$ 时方程有周期解 $r_1 = r_1, r_2 = r_2, R_1 = 0, R_2 = 0, \Phi_2 = c, \phi_2 = Nt$,并且其周期为

$$T = \frac{2\pi}{N}$$

且其特征乘子是

$$+1, \ +1, e^{\pm i n_1 T}, e^{\pm i n_2 T}$$

这一周期解是非退化的(事实上,是椭圆的),只规定两个乘子等于 +1,即规定

$$\frac{n_1}{n_2 - n_1} \notin \mathbf{Z}, \frac{n_2}{n_2 - n_1} \notin \mathbf{Z} \tag{7.3}$$

如果这一条件有效,那么当 $\varepsilon = 0$,周期解是非退化的,因此利用定理6.5.2可以延拓到约化空间上的完全三体问题. 因此我们有

**定理 7.2.1** 当 $\varepsilon = 0$,哈密顿函数是式(7.2)的系统包括两个开普勒问题. 使式(7.3)有效的这两个开普勒问题的圆周期解可以作为椭圆相对周期解延拓到具有两个小质量的三体问题.

## 7.3 问题

1. 考虑具有小参量 $\mu$ 的限制性问题(2.7). 当 $\mu = 0$,有旋转坐标中的开普勒问题. 改变到极坐标,研究一下当旋转坐标中开普勒问题的圆轨道是非退化,并且因此可延拓为具有小参量 $\mu$ 的限制性问题时会发生什么. 限制问题的这些周期解相当于庞加莱第一类周期解.

2. 证明旋转坐标中开普勒问题的椭圆解是退化的(所有乘子都是 $+1$).

3. 尝试四体(或多体)问题上的相同标度类型. 假设一个质量是有限的,其他的是 $\varepsilon$ 阶. 证明当 $\varepsilon=0$ 时圆解是退化的.

4. 证明当一个质点是有限质量,其他质点是 $\varepsilon$ 阶质量时,存在 $(N+1)$ 体问题的对称周期解. 见 Moulton[58].

5. 证明存在质量为 $m_0, \varepsilon m_1, \varepsilon m_2$ 的空间三体问题的周期解,它是旋转坐标中空间开普勒双对称圆轨道的延拓. 见 Soler[84].

# 限制性问题

# 第八章

前面介绍了哈密顿函数为式(2.7)的限制性问题. 由于存在多种限制性问题,因此必须更精确一些. 通常在限制性问题中一个或多个质点被假设成质量为零(无限小质点或卫星),几个质点为有限质量(主质点). 当无限小质点在主质点的引力作用下运动时,假设 $k$ 个质点遵循 $k$ 体问题的某些已知解. 但是由于无限小质点无质量,因此它们不影响主质点的运动或无限小质点间也不相互影响.

我们将什么样的限制性问题最适宜称作圆形限制性三体问题呢? 三个质点的质量为$\mu$,$1-\mu$和0,$\mu>0$,因而它是限制性的,质量为$\mu$和$1-\mu$的质点在二体问题的圆周解上运动,因此有“圆形”. 由于这一问题是被庞加莱、伯克霍夫等许多人广泛研究,通常去掉形容词,变成众所周知的“限制性问题”,特指圆形限制性三体问题.

本章先讨论平面上和空间中经典限制性问题. 然后介绍圆形限制性$(N+1)$体问题. 由于本章中只考虑“圆形”这一种情况,因此将去掉“圆形”这一形容词. 非圆形限制性问题将在第十二章中讨论.

为定义一般限制性$(N+1)$体问题取$N$体问题的任一平面中心构形$(q_1,\cdots,q_N)=(a_1,\cdots,a_N)$. 这一选择是挑选主质点. 因而$(q_1,\cdots,q_N,p_1,\cdots,p_N)=(a_1,\cdots,a_N,\omega m_1a_1,\cdots,\omega m_Na_N)$是相对平衡态,也就是以角速度$\omega$旋转的旋转坐标系中的相对平衡点. 对于平面问题来说,旋转是绕$\mathbf{R}^2$中原点,对于空间问题来说是绕$\mathbf{R}^3$中$z$轴旋转. 通过标度中心构形的大小,假设$\omega=1$. 将质量为零的质点(无限小质点)置于由主质点产生的引力场. 支配无限小质点的运动的运动方程的哈密顿函数为

$$H_{RN}=\|\eta\|^2/2-\xi^{\mathrm{T}}J\eta-\sum_{j=1}^{N}\frac{m_j}{\|a_j-\xi\|} \tag{8.1}$$

在平面情况$\xi,\eta\in\mathbf{R}^2$,且$J=J_2$,在空间情况$\xi,\eta\in\mathbf{R}^3$,且$J=J^*$,这里

$$J_2=\begin{pmatrix}0&1\\-1&0\end{pmatrix}$$

$$J^*=\begin{pmatrix}0&1&0\\-1&0&0\\0&0&0\end{pmatrix}$$

在本章,将说明在适当的无谐振假设下,平面或空间限制性三体问题的非退化周期解可以延拓到完全三体问题,然后将这一结果推广到$(N+1)$体问题. 这一结果很容易由哈密顿系统的标准扰动结果——定理6.5.2在具有一个小质量的问题的哈密顿函数被正确标度后得出来. 这一标度说明这一限制性问题确实是具有一个小质量的完全三体问题的第一次近似.

同样也将说明此限制性问题的某些分支结果可以延拓到三体或$(N+1)$体问题.

## 8.1 三体的主要问题

本节将进行三体问题中变量的一系列辛变化,它将说明限制性问题是具有一个小质量的约化问题的极限情况. 具有一个小质量的约化问题在第一次近似时是可分离的,也就是说,第一次近似的约化问题的哈密顿函数是限制性问题的哈密顿函数与谐振子哈密顿函数的和.

平面三体问题是六自由度问题,而空间三体问题是九自由度问题. 通过将质心置于原点并设线动量为零,平面三体问题可约化为四自由度问题,空间三体可约化为六自由度问题. 利用雅可比坐标容易做到这点——见3.5节. 旋转(绕$z$轴)坐标$(x_0,x_1,x_2,y_0,y_1,y_2)$中的三体问题的哈密顿函数是

$$H=\frac{\|y_0\|^2}{2M_0}-x_0^{\mathrm{T}}Jy_0+\frac{\|y_1\|^2}{2M_1}-x_1^{\mathrm{T}}Jy_1-\frac{m_0m_1}{\|x_1\|}+$$

$$\frac{\|y_2\|^2}{2M_2} - x_2^{\mathrm{T}}Jy_2 - \frac{m_1m_2}{\|x_2 - \alpha_0x_1\|} - \frac{m_2m_0}{\|x_2 + \alpha_1x_1\|}$$

式中

$$M_0 = m_0 + m_1 + m_2$$

$$M_1 = \frac{m_0m_1}{m_0 + m_1}$$

$$M_2 = \frac{m_2(m_0 + m_1)}{m_0 + m_1 + m_2}$$

$$\alpha_0 = \frac{m_0}{m_0 + m_1}$$

$$\alpha_1 = \frac{m_1}{m_0 + m_1}$$

在平面问题中,$x_i, y_i \in \mathbf{R}^2$,且 $J = J_2$,而在空间问题中,$x_i, y_i \in \mathbf{R}^3$ 且 $J = J^*$. 在这些坐标中 $x_0$ 是质心,$y_0$ 是总线动量,总角动量是

$$O = x_0 \times y_0 + x_1 \times y_1 + x_2 \times y_2$$

设 $x_0 = y_0 = 0$ 是不变量,并设这两个坐标为零,影响第一次约化. 设 $x_0 = y_0 = 0$ 将平面问题减少二个自由度,将空间问题减少三个自由度.

通过设置 $m_2 = \varepsilon^2$ 假设一个质点具有小质量,这里 $\varepsilon$ 被认为是小参量. 同样设置 $m_0 = \mu, m_1 = 1 - \mu$ 及 $\nu = \mu(1 - \mu)$,所以

$$M_1 = \nu = \mu(1 - \mu)$$

$$M_2 = \varepsilon^2/(1 + \varepsilon^2) = \varepsilon^2 - \varepsilon^4 + \cdots$$

$$\alpha_0 = \mu$$

$$\alpha_1 = 1 - \mu$$

哈密顿函数变为

$$H = K + \widetilde{H}$$

式中

$$K = \frac{1}{2\nu}\|y_1\|^2 - x_1^{\mathrm{T}}Jy_1 - \frac{\nu}{\|x_1\|}$$

和

$$\widetilde{H} = \frac{(1 + \varepsilon^2)}{2\varepsilon^2}\|y_2\|^2 - x_2^{\mathrm{T}}Jy_2 - \frac{\varepsilon^2(1 - \mu)}{\|x_2 - \mu x_1\|} - \frac{\varepsilon^2\mu}{\|x_2 + (1 - \mu)x_1\|}$$

$K$ 是旋转坐标中开普勒问题的哈密顿函数. 可以利用标度 $x_i \to x_i, y_i \to \nu y_i, K \to \nu^{-1}K, \widetilde{H} \to \nu^{-1}\widetilde{H}, \varepsilon^2\nu^{-1} \to \varepsilon^2$ 来简化 $K$,因此

$$K = \frac{1}{2}\|y_1\|^2 - x_1^{\mathrm{T}}Jy_1 - \frac{1}{\|x_1\|} \tag{8.2}$$

和

$$\widetilde{H}=\frac{(1+\nu\varepsilon^2)}{2\varepsilon^2}\|y_2\|^2-x_2^{\mathrm{T}}Jy_2-\frac{\varepsilon^2(1-\mu)}{\|x_2-\mu x_1\|}-\frac{\varepsilon^2\mu}{\|x_2+(1-\mu)x_1\|} \tag{8.3}$$

我们认为角动量为非零量. 在平面问题中,通过保持 $A$ 固定并忽略绕原点的转动,可将此问题降低多于1个自由度. 保持 $A$ 固定并消除绕 $A$ 轴的旋转对称性,可将空间问题降低多于2个自由度,另一种约化空间问题的方法是注意到角动量的 $z$ - 分量 $A_z$ 和角动量的幅值 $\mathbf{A}=\|A\|$,是对合积分. 这是一个经典结果,如果给出两个独立的对合积分就可以将系统降低两个自由度[92].

首先考虑平面情况. $K$ 从直角坐标 $x_1,y_1$,变化到极坐标使得

$$K=K_2=\frac{1}{2}\{R^2+\frac{\Theta^2}{r^2}\}-\Theta-\frac{1}{r} \tag{8.4}$$

式中 $r,\theta$ 是平面中常用的极坐标,$R$ 是径向动量,$\Theta$ 是角动量. 这一问题容许 $K_2$ 和 $\Theta$ 如对合积分一样.

$K_2$ 在

$$r_1=1,\theta=0,R=0,\Theta=1$$

有临界点. 将 $K_2$ 在这一临界点展成泰勒级数,忽略常值项,并进行标度

$$r-1\to\varepsilon r,\theta\to 0,R\to\varepsilon R,\Theta-1\to\varepsilon^2\Theta$$
$$K_2\to\varepsilon^{-2}K_2$$

得到

$$K_2=\frac{1}{2}\{r^2+R^2\}+O(\varepsilon)$$

现在利用以上各式及

$$x_2=\xi,y_2=\varepsilon^2\eta,\widetilde{H}\to\varepsilon^{-2}\widetilde{H} \tag{8.5}$$

来标度 $\widetilde{H}$. 完整性是带有乘子 $\varepsilon^{-2}$ 的辛标度,所以平面三体问题的哈密顿函数变为 $H_R+\frac{1}{2}(r^2+R^2)+O(\varepsilon)$,式中 $H_R$ 是限制性三体问题的哈密顿函数,即

$$H_R=\frac{1}{2}\|\eta\|^2-\xi^{\mathrm{T}}J\eta-\frac{(1-\mu)}{\|\xi-(\mu,0)\|}-\frac{\mu}{\|\xi+(1-\mu,0)\|} \tag{8.6}$$

为得到上式,记起 $x_1=(r\cos\theta,r\sin\theta)=(1,0)+O(\varepsilon)$. 因此在平面情况中约化三体问题的哈密顿函数第一次近似为限制性问题的哈密顿函数与谐振子的哈密顿函数的和.

约化空间上的辛坐标是 $\xi,r,\eta,R$. 这些新坐标的含意是什么? 卫星的质量是 $\varepsilon^2$,$y_2$ 是它的动量,$\eta$ 是其速度,$\xi$ 是卫星的位置. $r$ 和 $R$ 测量主质点与圆轨迹的偏差.

对于空间情况,我们采用不同方法. 在空间情况中在 $x_1=a=(1,0,0)^{\mathrm{T}}$,$y_1=b=(0,1,0)^{\mathrm{T}}$,$K=K_3$ 有临界点,它对应于开普勒问题的圆轨道. 将 $K_3$ 在该

临界点展开成泰勒级数,忽略常值项,并进行标度

$$x_1 \to a + \varepsilon u, y_1 \to b + \varepsilon v, K_3 \to \varepsilon^{-3} K_3 \tag{8.7}$$

得到 $K_3 = K^* + O(\varepsilon)$,这里

$$K^* = \frac{1}{2}(v_1^2 + v_2^2 + v_3^2) + u_2 v_1 - u_1 v_2 + \frac{1}{2}(-2u_1^2 + u_2^2 + u_3^2) \tag{8.8}$$

再利用式(8.7)和(8.5)标度 $\widetilde{H}$. 完整性是常有乘子 $\varepsilon^{-2}$ 的辛标度,因此空间三体问题的哈密顿函数变为 $H_R + K^* + O(\varepsilon)$,这里 $K^*$ 由式(8.8)给出,$H_R$ 是空间限制性问题的哈密顿函数(即式(8.6)中$(\mu,0)$和$(1-\mu,0)$替换为$(\mu,0,0)$和$(1-\mu,0,0)$).

已经通过使用线动量的变换不变性和守恒性约化了空间问题,所以现在通过使用角动量的变换不变性和守恒性来完成约化.

记起在初始未标度坐标中的角动量是 $O = x_1 \times y_1 + x_2 \times y_2$,在标度后的坐标中变为

$$O = (a + \varepsilon u) \times (b + \varepsilon u) + \varepsilon^2 \xi \times \eta \tag{8.9}$$

因此通过设置 $A = a \times b$ 保持角动量固定,影响约束

$$0 = a \times v + u \times b + O(\varepsilon) = (-u_3, -v_3, v_2 + u_1) + O(\varepsilon) \tag{8.10}$$

现在当 $\varepsilon = 0$ 时进行约化,因此哈密顿函数是 $H = H_R + K^*$ 保持角动量固定等价于 $u_3 = v_3 = v_2 + u_1 = 0$. 注意到角动量约束只是在 $q,p$ 变量上. 进行变量的辛变化

$$\begin{gathered} r_1 = u_1 + v_2, R_1 = v_1 \\ r_2 = u_2 + v_1, R_2 = v_2 \\ r_3 = u_3, R_3 = v_3 \end{gathered} \tag{8.11}$$

所以

$$K^* = \frac{1}{2}(r_2^2 + R_2^2) + \frac{1}{2}(r_3^2 + R_3^2) + r_1 R_2 - r_1^2 \tag{8.12}$$

注意到在这些坐标中保持角动量固定等价于 $r_1 = r_3 = R_3 = 0$,$R_1$ 是可忽略的坐标,$r_1$ 是一个积分. 因此转到约化空间约化 $K^*$ 为

$$K^* = \frac{1}{2}(r_2^2 + R_2^2) \tag{8.13}$$

因此当 $\varepsilon = 0$ 时约化三体问题的哈密顿函数变为

$$H = H_R + \frac{1}{2}(r^2 + R^2) \tag{8.14}$$

它为限制性三体问题哈密顿函数与谐振子哈密顿函数之和. 在式(8.14)及以后删去下标 2. 方程与积分都光滑依赖于 $\varepsilon$,因此对于小参量 $\varepsilon$,约化三体问题的哈密顿函数变为

$$H = H_R + \frac{1}{2}(r^2 + R^2) + O(\varepsilon) \tag{8.15}$$

我们得到平面和空间问题中哈密顿函数的相同公式. 同样可以通过

$$r = \sqrt{2I}\cos \iota$$

$$R = \sqrt{2I}\sin \iota$$

引入作用角变量$(I, \iota)$,得到两种情况中的

$$H = H_R + I + O(\varepsilon) \tag{8.16}$$

带有一个小质量的二维或三维约化三体问题近似为限制性问题与谐振子的产物.

## 8.2 周期解的延拓

保守哈密顿系统的周期解总是有代数重度至少为 2 的特征乘子 $+1$. 如果周期解特征乘子 $+1$ 的代数重度正好等于 2,那么此周期解被称作非退化周期解或有时被称作基本周期解. 非退化周期解位于由哈密顿函数参数化的周期解的光滑圆柱内. 此外,如果哈密顿函数光滑依赖于参数,那么对于参数的小变化,周期解保持不变 —— 见第六章.

**定理 8.2.1** 周期不是 $2\pi$ 的倍数的平面或空间限制性三体问题的非退化周期解可以延拓到退化三体问题.

更精确地:

**定理 8.2.2** 假设 $\eta = \phi(t), \xi = \psi(t)$ 是哈密顿函数为式(8.6)的限制性问题的周期为 $T$ 的周期解. 假设其乘子在平面情况中为 $+1, +1, \beta, \beta^{-1}$,或在空间情况中为 $+1, +1, \beta_1, \beta_1^{-1}, \beta_2, \beta_2^{-1}$. 假设对于所有 $n \in \mathbf{Z}, T \neq n2\pi$,且在平面情况中 $\beta \neq +1$,或在空间情况中 $\beta_1 \neq +1, \beta_2 \neq +1$. 那么约化三体问题,具有哈密顿函数(8.15)的系统有形式为 $\eta = \phi(t) + O(\varepsilon), \xi = \psi(t) + O(\varepsilon), r = O(\varepsilon), R = O(\varepsilon)$ 的周期解,其周期为 $T + O(\varepsilon)$. 此外,其乘子在平面情况为 $+1, +1, \beta + O(\varepsilon), \beta^{-1} + O(\varepsilon), e^{iT} + O(\varepsilon), e^{-iT} + O(\varepsilon)$,或在空间情况为 $+1, +1, \beta_1 + O(\varepsilon), \beta_1^{-1} + O(\varepsilon), \beta_2 + O(\varepsilon), \beta_2^{-1} + O(\varepsilon), e^{iT} + O(\varepsilon), e^{-iT} + O(\varepsilon)$.

**证明** 当 $\varepsilon = 0$ 时具有哈密顿函数(8.15)的约化问题有周期为 $T$ 的周期解 $\eta = \phi(t), \xi = \psi(t), r = 0, R = 0$. 其乘子在平面情况为 $+1, +1, \beta, \beta^{-1}, e^{iT}, e^{-iT}$,或在空间情况为 $+1, +1, \beta_1, \beta_1^{-1}, \beta_2, \beta_2^{-1}, e^{iT}, e^{-iT}$. 假设 $T \neq n2\pi$ 得出 $e^{\pm iT} \neq +1$,因此此周期解是非退化的. 经典延拓定理(定理 6.5.2)可以用于证明这一解可以光滑延拓到具有小参量 $\varepsilon$ 非零的问题.

这一定理的平面方案归功于 Hadjidemetriou[30]. 存在有关非退化对称周

期解的相似定理 —— 见[48]及问题. 对于不同方法,见[42].

限制性问题有三类非退化周期解,它们是使用小参量通过开普勒圆轨道的延拓得到的. 这一小参量可能是给出第一类庞加莱周期解的质量比参数 $\mu$,[81,66],也可能是给出希尔月球轨道的小距离[13,19,81],还可能是给出彗星轨道的大距离[48,56]. 所引用的所有文章除[48]外均使用对称自变量,因此不用计算乘子.

然而,在 Meyer 和 Hall[51]中给出这三种情况的统一处理方法,并计算出乘子,发现其为非退化的. 因此存在约化问题的三组对应周期解. 约化问题独立证明的对应结果可以在[47,48,57,56,65,80]中找到.

空间限制性问题的一组最有趣的非退化周期解可以由 Belbruno[11]中找到. 他将 $\mu = 0$ 时的两两碰撞正则化,并证明了某些空间碰撞轨道是正则坐标中的非退化周期解. 因此它们可以像 $\mu \neq 0$ 的非退化周期解一样延拓到空间限制性问题. 现在这些同样的轨道可以延拓到约化三体问题.

## 8.3 周期解的分支

研究了限制性问题的许多族周期解,观测到许多分支. 大多数分支是[46]中定义的"一般单参数分支",也可见[51]第八章. 其他分支在对称解类或一般双参数分支中是常见的. 我们断言这些分支加以必要变更可以延拓到约化三体问题. 由于存在大量的不同分支,并且它们是在相似情况中归纳出来的,我们只举例说明一种简单情况 ——[46]中的3 - 分支在[1]中被称作妖之吻的情况. 我的儿子建议将 3 - 分支称作三叉分支.

假设 $p(t,h)$ 是由 $H_R$ 参数化的限制性问题的周期为 $\tau(h)$ 的非退化周期解的一个光滑族,即 $H_R(p(t,h)) = h$. 当 $h = h_0$ 时假设周期解为 $p_0(t)$,其周期为 $\tau_0$,那么 $p_0(t) = p(t,h_0)$ 和 $\tau_0 = \tau(h_0)$. 如果对于周期轨道来说,$H_R = h$ 表面内的横截面映射可以引入标准形式:

$$\psi' = \psi + (2\pi k/3) + \alpha(h - h_0) + \beta \Psi^{1/2}\cos(3\psi) + \cdots$$

$$\Psi' = \Psi - 2\beta\Psi^{3/2}\sin(3\psi) + \cdots$$

$$T = \tau_0 + \cdots$$

并且 $k = 1,2$,且 $\alpha$ 和 $\beta$ 是非零常值,那么我们称限制性问题的 $\tau_0$ 周期解 $p_0(t)$ 是 3 - 分支轨道. 上面 $\psi$,$\Psi$ 是横断面 $H_R = h$ 上的正规化作用 - 角度坐标,且 $T$ 是这一横截面的庞加莱时间. 周期解 $p(t,h)$ 对应于 $\psi = 0$ 点. 周期解 $p_0(t)$ 的乘子是 $+1$, $+1$, $e^{+2k\pi i/3}$, $e^{-2k\pi i/3}$(1 的立方根),所以周期解是一个非退化椭圆周期解. 因而,这一族周期解可以延拓为由最后的小节结果所给出的 $\tau_0$ 不是 $2\pi$ 的倍数的约化问题.

上面的假设意味着限制性问题的周期解 $p(t,h)$ 经受分支. 特别地,存在一个周期为 $3\tau_0+\cdots$ 的双曲线周期解的一个单参数族 $p_3(t,h)$,随着 $h\to h_0$,其极限为 $p_0(t)$. 详情见[46,51].

**定理 8.3.1** 假设 $p_0(t)$ 是限制性问题的 3 - 分支轨道,它不与谐振子共振,也就是说,对于 $n\in\mathbf{Z}$,$3\tau_0\neq 2n\pi$. 假设 $\tilde{p}(t,h,\varepsilon)$ 是 $\tilde{\tau}(h,\varepsilon)$ - 周期解,它周期解 $p(t,h)$ 对于小参量 $\varepsilon$ 向约化问题的延拓. 因此随着 $\varepsilon\to 0$,$\tilde{p}(t,h,\varepsilon)\to(p(t,h),0,0)$ 和 $\tilde{\tau}(h,\varepsilon)\to\tau(h)$.

那么存在一个函数 $\tilde{h}_0(\varepsilon)$,$\tilde{h}_0(0)=h_0$,使得 $\tilde{p}(t,\tilde{h}_0(\varepsilon),\varepsilon)$ 有乘子 $+1$, $+1$, $e^{+2k\pi i/3}$, $e^{-2k\pi i/3}$, $e^{+\tau i}+O(\varepsilon)$, $e^{-\tau i}+O(\varepsilon)$,也就是说一对乘子正是 1 的立方根. 此外,存在一族约化问题周期解 $\tilde{p}_3(t,h,\varepsilon)$,其周期为 $3\tilde{\tau}(h,\varepsilon)$,使得随着 $\varepsilon\to 0$,$\tilde{p}_3(t,h,\varepsilon)\to(p_3(t,h),0,0)$ 和随着 $h\to\tilde{h}_0(\varepsilon)$,$\tilde{p}_3(t,h,\varepsilon)\to\tilde{p}(t,\tilde{h}_0(\varepsilon),\varepsilon)$. $\tilde{p}_3(t,h,\varepsilon)$ 族周期解是双曲 - 椭圆型的,也就是说它们有两个等于 $+1$ 的乘子,两个单位模量的乘子和两个实的不等于 $\pm 1$ 的乘子.

**证明** 由于约化问题的哈密顿函数是 $H=H_R+\dfrac{1}{2}(r^2+R^2)+O(\varepsilon)$,可以计算 $\varepsilon=0$ 约化问题中的周期解的横截面映射. 在横截面中使用 $\psi,\Psi,r,R$ 作为坐标,并假设 $\eta=h-h_0$. 周期映射是$(\psi,\Psi,r,R)\to(\psi',\Psi',r',R')$,这里

$$\psi'=\psi'(\psi,\Psi,r,R,\eta,\varepsilon)=\psi+(2\pi k/3)+\alpha\eta+\beta\Psi^{1/3}\cos(3\psi)+\cdots$$

$$\Psi'=\Psi'(\psi,\Psi,r,R,\eta,\varepsilon)=\Psi-2\beta\Psi^{3/2}\sin(3\psi)+\cdots$$

$$\begin{pmatrix}r'\\R'\end{pmatrix}=\begin{pmatrix}r'(\psi,\Psi,r,R,\eta,\varepsilon)\\R'(\psi,\Psi,r,R,\eta,\varepsilon)\end{pmatrix}=B\begin{pmatrix}r\\R\end{pmatrix}+\cdots$$

式中

$$B=\begin{pmatrix}\cos\tau & \sin\tau\\-\sin\tau & \cos\tau\end{pmatrix}$$

由于限制性问题的周期解是非退化的,它可以延拓到约化空间,因此可以将固定点转换到原点,即 $\psi=r=R=0$ 是固定的.

由于 $\alpha\neq 0$,对于 $\eta$,作为 $\varepsilon$ 的函数,可以解 $\psi'(0,0,0,0,\eta,\varepsilon)$ 以得到 $\tilde{\eta}(\varepsilon)=h-\tilde{h}_0(\varepsilon)$. 这定义了函数 $h_0$.

计算周期映射的第三次迭代:

$$(\psi,\Psi,r,R)\to(\psi^3,\Phi^3,r^3,R^3)$$

式中

$$\psi^3=\psi+2\pi k+3\alpha\eta+3\beta\Psi^{1/2}\cos(3\psi)+\cdots$$

$$\Psi^3=\Psi-2\beta\Psi^{3/2}\sin(3\psi)+\cdots$$

$$\begin{pmatrix}r^3\\R^3\end{pmatrix}=B^3\begin{pmatrix}r\\R\end{pmatrix}+\cdots$$

由于 $3\tau \neq 2k\pi$，矩阵 $B^3 - E$ 非奇异，这里 $E$ 是 $2\times 2$ 单位阵. 因此可以解方程 $r^3 - r = 0, R^3 - R = 0$，并将这些解代入 $\psi^3 - \psi = 0, \Psi^3 - \Psi = 0$ 的方程.

原点总是固定点，所以 $\Psi$ 是 $\Psi^3$ 公式中的公因子. 由于 $\beta \neq 0$，对于六个函数 $\psi_j(\Psi,h) = j\pi/3 + \cdots, j = 0,1,\cdots,5$ 方程 $(\Psi^3 - \Psi)/(-2\beta\Psi^{3/2}) = \sin(3\psi) + \cdots$ 可解. 对于偶数 $j$，$\cos 3\psi_j = +1 + \cdots$，而对于奇数 $j$，$\cos 3\psi_j = -1 + \cdots$. 将这些解代入 $\psi$ 方程得出 $(\psi^3 - \psi - 2h\pi)/3 = \alpha\eta \pm \beta\Psi^{1/2} + \cdots$. 当 $\alpha\beta\eta$ 为负时，带正号的方程有 $\Psi$ 的正解，当 $\alpha\beta\eta$ 为正时，带负号的方程有 $\Psi$ 的正解. 解的形式为 $\Psi_j^{1/2} = \mp \alpha\eta/\beta$. 根据这些解计算雅可比值

$$\frac{\partial(\Psi^3,\psi^3)}{\partial(\Psi,\psi)} = \begin{pmatrix} 1 & 0 \\ 0 & 1 \end{pmatrix} + \begin{pmatrix} 0 & \mp 6\beta\Psi^{3/2} \\ \pm(3\beta/2)\Psi_j^{1/2} & 0 \end{pmatrix}$$

因此乘子是 $1 \pm 3\alpha^2\eta^2$，周期点全是双曲 - 椭圆型的.

存在许多其他类型的一般分支，例如像[46,51] 中所列出的哈密顿鞍结点分支、双周期的，$k$ - 分支($k > 3$) 等. 如果这样的分支出现在限制性问题中，且基本周期轨道的周期不是 $2\pi$ 的倍数，那么类似的分支也会发生在约化问题中. 这些证明与以上给出的证明在本质上是相同的.

## 8.4 $(N+1)$ 体的主要问题

考虑旋转直角坐标 $(q,p)$ 中的哈密顿函数为 $H_{N+1}$ 的 $(N+1)$ 体问题，这里质点是由 0 到 $N$ 编号，并通过设置 $m_0 = \varepsilon^2$ 使一个质量为小量. 那么哈密顿函数 (2.5) 变为

$$H_{N+1} = \| p_0 \|^2/2\varepsilon^2 - q_0^{\mathrm{T}} J p_0 - \sum_{j=1}^{N} \frac{\varepsilon^2 m_j}{\| q_j - q_0 \|} + H_N \tag{8.17}$$

式中 $H_N$ 是质点由 1 到 $N$ 编号的 $N$ 体问题的哈密顿函数.

通过选择 $N$ 体问题的任意平面中心构形 $(a_1,\cdots,a_N)$ 来选择质点. 令 $Z = (q_1,\cdots,q_N;p_1,\cdots,p_N)$ 和 $Z^* = (a_1,\cdots,a_N;-m_1Ja_1,\cdots,-m_NTa_N)$，所以 $Z^*$ 是相对平衡态.（这里我们标度中心构形使得频率 $\omega$ 是 1.）利用泰勒定理，有

$$H_N(Z) = H_N(Z^*) + \frac{1}{2}(Z - Z^*)^{\mathrm{T}} S (Z - Z^*) + O(\| Z - Z^* \|^3) \tag{8.18}$$

式中 $S$ 是 $Z^*$ 处 $H_N$ 的海赛形式. 在(8.17) 中，使变量变化

$$q_0 = \xi, p_0 = \varepsilon^2 \eta, Z = Z^* - \varepsilon V \tag{8.19}$$

现在 $q_i = a_i + O(\varepsilon)$. 变量的变化是辛的，且带有乘子 $\varepsilon^2$，因此式(8.17) 变为

$$H_{N+1} = \{ \| \eta \|^2/2 - \xi^{\mathrm{T}} J\eta - \sum_{j=1}^{N} \frac{m_j}{\| a_j - \xi \|} \} + \frac{1}{2} V^{\mathrm{T}} SV + O(\varepsilon) \quad (8.20)$$

因此为了达到 $\varepsilon$ 的最低阶,将$(N+1)$ 体问题的哈密顿函数拆分为两个哈密顿函数,即限制性$(N+1)$ 体问题的哈密顿函数(8.1) 和 $N$ 体问题在相对平衡态 $Z^*$ 线性化的哈密顿函数.

$$H_L = \frac{1}{2} V^{\mathrm{T}} SV \quad (8.21)$$

因此,当 $\varepsilon = 0$,运动方程为

$$\dot{\xi} = J\xi + \eta$$
$$\dot{\eta} = J\eta - \sum_{i}^{N} \frac{m_j(a_j - \xi)}{\| a_j - \xi \|^3} \quad (8.22)$$

和

$$\dot{V} = JSV \quad (8.23)$$

对于小质量问题,存在首次近似方程.(记得 $J$ 是通用符号 —— 对于平面问题,在(8.22) 中是$2 \times 2$ 矩阵,在(8.23) 中是$4N \times 4N$ 矩阵,但是对于空间问题,在(8.22) 中是$3 \times 3$ 矩阵,在(8.23) 中是 $6N \times 6N$ 矩阵.)

## 8.5 约化

令 $M = \varepsilon^2 + m_1 + \cdots + m_N$ 和 $V = (u_1, \cdots, u_N, v_1, \cdots, v_N)$,那么有 $q_i = a_i - \varepsilon u_i$ 和 $p_i = - m_i J a_i - \varepsilon v_i$. 由于相对平衡态的质心固定在原点,有 $\sum_1^N m_i a_i = 0$. 因此系统的质心是

$$C = \{ \varepsilon^2 \xi - \varepsilon(m_1 u_1 + \cdots + m_N u_N) \} / M \quad (8.24)$$

线动量为

$$L = \varepsilon^2 \eta - \varepsilon(v_1 + \cdots + u_N) \quad (8.25)$$

与角动量为

$$O = \varepsilon^2 \xi^{\mathrm{T}} J\eta - \sum_1^N (a_i - \varepsilon u_i)^{\mathrm{T}} J(m_i J a_i + \varepsilon v_i) \quad (8.26)$$

由(8.24),(8.25) 和(8.26) 可见约化空间的流形 $B_\varepsilon$ 光滑依赖于 $\varepsilon$.

定义 $w = 0$ 时的约化流形的关系式

$$m_1 u_1 + \cdots + m_N u_N = 0$$
$$v_1 + \cdots + u_N = 0$$
$$\sum_1^N \{ - u_i^{\mathrm{T}} J(m_i J a_i) + a_i^{\mathrm{T}} J v_i \} = 0 \quad (8.27)$$

它们只是 $N$ 体问题的线性约束,所以约化只当 $\varepsilon=0$ 时才应用到 $N$ 体问题.

## 8.6 周期解的延拓

现将定理 6.5.2 应用于初始哈密顿函数为(8.20)的约化空间上的系统以得到

**定理 8.6.1** 假设 $\phi(t)$ 是平面限制性问题(8.22)的周期解,其周期为 $\tau$、特征乘子为 $1,1,\beta,\beta^{-1}$,这里 $\beta\neq 1$. 假设相对平衡态的特征指数是 $0,0,\pm i,\pm i,\pm a_5,\cdots,\pm a_N$,这里对于 $j=4,\cdots,N,a_j\tau\not\equiv 0 \bmod 2\pi\mathrm{i}$. 方程(8.22)和(8.23)的 $\tau$ – 周期解 $\xi=\phi(t),V\equiv 0$ 可以作为相对周期解延拓到约化空间上的$N+1$ 体问题. 其乘子是

$$1,1,\beta+O(\varepsilon),\beta^{1}+O(\varepsilon),\exp \pm\mathrm{i}\tau,\exp \pm a_5\tau,\cdots,\exp \pm a_N\tau$$

利用定理 6.5.2 足以证明周期解 $\xi=\phi(t),V\equiv 0$ 在约化空间上是非退化的. 利用推论 4.6.6 转到约化空间消去作为相对平衡态指数的 $0,0,\pm\mathrm{i},\pm\mathrm{i}$,所以周期解的特征乘子为

$$1,1,\beta^{\pm 1},\exp \pm\mathrm{i}\tau,\exp \pm a_5\tau,\cdots,\exp \pm a_N\tau$$

特征乘子 $+1$ 的重数正好是 2,定理 6.5.2 可应用.

## 8.7 问题

1. 写出质点在拉格朗日等边三角形中心构形的限制性四体问题的哈密顿函数. 求当所有质量都等于 1 的平衡点.

2. 用 $\xi\to\varepsilon^{-2}\xi,\eta\to\varepsilon\eta$ 标度限制性$(N+1)$体问题. 那么小参量 $\varepsilon$ 意指无穷小量是接近无穷,观察到哥氏力占主要的,接近无穷,并且次重要的力像两个质点在原点的开普勒问题一样. 见[51].

3. 利用问题2 的标度和定理6.5.2 说明限制性$(N+1)$体问题存在超大半径近圆轨道. 这说明了$(N+1)$体问题什么? 见第十章.

4. 取限制性$(N+1)$体问题并将一个质点平移到原点,那么通过 $\xi\to\varepsilon^2\xi$,$\eta\to\varepsilon^{-1}\eta$ 和$t\to\varepsilon^{-3}t$标度它. 小参量$\varepsilon$ 意指无穷小量是接近主质点. 什么力是最重要的,次重要的力是什么? 见[51]

5. 利用问题 4 和定理 6.5.2 说明限制性$(N+1)$体问题存在超小半径的近圆轨道. 这说明了$(N+1)$体问题什么? 见第 9 章.

6. 认为$\mu$ 是限制性三体问题中的小参量. 利用定理 6.5.2 说明对于小参量

$\mu$ 存在近圆轨道. 这说明了$(N+1)$体问题什么? 见[51]. 您能给出像第七章中一样的结果吗?

7. 考虑[46]或[51]第八章中任意一个一般单参数分支. 说明这些分支可以延拓到$(N+1)$体问题.

8. 对于$\mu<\mu_1$的限制性三体问题中拉格朗日点$\mathscr{L}_4$上存在如[74,53]中讨论的许多分支. 说明这些分支可延拓到三体问题. 见[54].

9. 叙述并证明定理 8.6.1 的空间推广.（提示:注意需要寻找的实质论据是推论 4.6.6 的推广. 在这一推论的证明中用空间坐标替换极坐标.）

# 第九章 月球轨道

将小参量引入到$(N+1)$体问题的另一种方法是假设两个质点间的距离是一个小量. 在这种情况中,我们将证明.

## 9.1 定义主要问题

本章中只考虑平面问题. 像3.5节一样考虑用旋转雅可比坐标表示的带有哈密顿函数$H_{N+1}$的$(N+1)$体问题. 假设质心和线动量是固定在原点,那么哈密顿函数为

$$H_{N+1} = \sum_{i=1}^{N} \left\{ \frac{\| y_i \|^2}{2M_i} - x_i^{\mathrm{T}} J y_i \right\} - \sum_{0 \leqslant i < j \leqslant N} \frac{m_i m_j}{\| d_{ji} \|} \quad (9.1)$$

总的角动量为

$$O = \sum_{i=1}^{N} x_i^{\mathrm{T}} J y_i \quad (9.2)$$

矢量$x_1$是第一个质点相对第0个质点的位置矢量. 我们希望考虑这两个质点接近的情况,所以我们进行变量变化

$$x_1 = \varepsilon^4 \xi \quad (9.3)$$

式中$\varepsilon$是正的小参量. 这一变量变化不是辛的,但是后面将进行补偿. 哈密顿函数变为

$$H_{N+1} = \frac{\| y_1 \|^2}{2M_1} - \varepsilon^4 \xi^{\mathrm{T}} J y_1 - \frac{m_0 m_1}{\varepsilon^4 \| \xi \|} + H_N + O(\varepsilon^4) \tag{9.4}$$

式中 $H_N$ 是旋转雅可比坐标中 $N$ 体问题的哈密顿函数. 这 $N$ 个质点质量为 $(m_0 + m_1), m_2, \cdots, m_N$, 雅可比坐标从 2 到 $N$ 编号. 同样 $M_1 = m_0 m_1 / (m_0 + m_1)$. 注意到 $O(\varepsilon^4)$ 项不包含动量项 $y_1, \cdots, y_N$. 角动量变为

$$O = \varepsilon^4 x_i^{\mathrm{T}} J y_1 + \sum_{i=2}^{N} x_i^{\mathrm{T}} J y_i \tag{9.5}$$

$H_N$ 的坐标系的原点是一对质量 $m_0, m_1$ 的质心.

取 $N$ 体问题的任意一个平面中心构形 $(x_2, \cdots, x_N) = (a_2, \cdots, a_N)$—— 这就是选择了一对质量 $m_0, m_1$ 的质心与质量为 $m_2, \cdots, m_N$ 的 $(N-1)$ 个质点的近似路径. 因此 $(x_2, \cdots, x_N, y_2, \cdots, y_N) = (a_2, \cdots, a_N, \omega M_2 a_2, \cdots, \omega M_N a_N)$ 是相对平衡态, 也就是以角速度 $\omega$ 旋转的旋转坐标系中的平衡点. 通过标度中心构形的大小, 假设 $\omega = 1$. 定义 $Z = (x_2, \cdots, x_N, y_2, \cdots, y_N)$, 并令 $Z^* = (a_2, \cdots, a_N, M_2 a_2, \cdots, M_N a_N)$ 是对应的相对平衡态. 将 $H_N$ 展成泰勒级数, 有

$$H_N(Z) = H_N(Z^*) + \frac{1}{2}(Z - Z^*)^{\mathrm{T}} S (Z - Z^*) + O(\| Z - Z^* \|^3) \tag{9.6}$$

通过

$$\eta = \varepsilon^{-2} y_1$$
$$\varepsilon V = Z - Z^* \tag{9.7}$$

使变量变化, 并通过

$$t = \varepsilon^6 \tau, H_{N+1} - H_N(Z^*) = \varepsilon^{-6} \widetilde{H} \tag{9.8}$$

改变时间和哈密顿函数. (9.3) 和 (9.7) 的组合是乘子为 $\varepsilon^2$ 的变量的辛变化, 因此新的哈密顿函数变为

$$\widetilde{H} = \left\{ \frac{\| \eta \|^2}{2M_1} - \frac{m_0 m_1}{\| \xi \|} \right\} + \varepsilon^6 \left\{ -\xi^{\mathrm{T}} J \eta + \frac{1}{2} V^{\mathrm{T}} S V \right\} + O(\varepsilon^7) \tag{9.9}$$

因此对于 $\varepsilon$ 的零阶段, 哈密顿函数 $\widetilde{H}$ 是开普勒问题的哈密顿函数

$$K = \left\{ \frac{\| \eta \|^2}{2M_1} - \frac{m_0 m_1}{\| \xi \|} \right\}$$

在六阶项中, 出现开普勒问题的旋转项和相对平衡态的二次项.

自动量的梯度在相对平衡态 $Z^*$ 处非零, 因此角动量积分变为

$$O = O' + \varepsilon O_1 V + O(\varepsilon^2) \tag{9.10}$$

式中 $O'$ 是 $O(Z_0^*)$, $O_1$ 是写成行向量的角动量在 $Z^*$ 处的梯度. 保持 $O$ 固定等价于保持 $\varepsilon^{-1}(O - O') = O_1 V + O(\varepsilon)$ 固定. 因此到完全约化空间的约化在 $\varepsilon$ 中是光滑的.

暂时忽略 (9.9) 中的 $O(\varepsilon^7)$ 项, 并考虑近似方程

$$\xi' = \frac{\eta}{M_1} + \varepsilon^6 J\xi \tag{9.11}$$

$$\eta' = -\frac{m_0 m_1 \xi}{\| \xi \|^3} + \varepsilon^6 J\eta \tag{9.12}$$

$$V' = J_{2N} SV \tag{9.13}$$

式中 $' = \mathrm{d}/\mathrm{d}\tau$. 对于月球问题,存在首次近似方程.

## 9.2 周期解的延拓

方程(9.11) ~ (9.13) 的周期解为

$$\begin{aligned} \xi^* &= e^{\omega J\tau} a \\ \eta^* &= M_1 \delta J e^{\omega J\tau} a \\ V^* &\equiv 0 \end{aligned} \tag{9.14}$$

式中 $\omega = \delta + \varepsilon^6, \delta = \sqrt{m_0 + m_1}$, $a$ 是任意常矢量,且 $\| a \| = 1$. 能级中的周期映射是达 $O(\varepsilon^5)$ 阶项的单位映射,所以在计算特征乘子中必须谨慎. 通过

$$\xi = e^{\omega J\tau} \zeta \tag{9.15}$$

进行变量变化,使得(9.11) ~ (9.13) 中的前两个方程变为

$$\zeta'' + 2\delta J\zeta' - \delta^2 \zeta = -\frac{\delta^2 \zeta}{\| \zeta \|^3} \tag{9.16}$$

$\zeta / \| \zeta \|^3$ 在 $a = (1,0)$ 处的雅可比值是 $R = \begin{pmatrix} -2 & 0 \\ 0 & 1 \end{pmatrix}$,所以(9.16) 对 $a$ 线性化为

$$\zeta'' + 2\delta J\zeta' - \delta^2 \zeta = -\delta^2 R\zeta \tag{9.17}$$

由此式很容易计算出特征多项式

$$\lambda^2(\lambda^2 + \delta^2) \tag{9.18}$$

假设相对平衡态有特征指数

$$0,0,\ \pm \mathrm{i},\ \pm \mathrm{i},\ \pm \mathrm{i},\ \pm a_5, \cdots,\ \pm a_{2N}$$

式中对于 $j = 5, \cdots, N, a_j \neq 0$. 在这种情况中,我们称此相对平衡态是非退化的或基本的. 我们已经通过设置线动量和质心等于零进行了首次约化,所以(9.13) 中的 $J_{2N}S$ 的特征值有 $0,0,\ \pm \mathrm{i},\ \pm a_5, \cdots,\ \pm a_{2N}$. 那么方程(9.11) ~ (9.13) 的解(9.15) 的特征指数是

$$1,1,\exp\left(\pm \frac{\mathrm{i}2\pi\delta}{\delta + \varepsilon^6}\right) = 1 \pm \varepsilon^6 \frac{2\pi \mathrm{i}}{\delta} + O(\varepsilon^{12})$$

$$1,1,\exp \pm \frac{\varepsilon^6 2\pi \mathrm{i}}{\omega}$$

$$\exp \pm \frac{\varepsilon^6 2\pi a_5}{\omega}, \cdots, \exp \pm \frac{\varepsilon^6 2\pi a_{2N}}{\omega} \tag{9.19}$$

在完全约化空间上,特征乘子是

$$1,1,1 \pm \varepsilon^6 \frac{2\pi i}{\delta}, 1 \pm \varepsilon^6 \frac{2\pi i}{\delta}, 1 \pm \varepsilon^6 \frac{2\pi i}{\delta}$$

$$1 \pm \varepsilon^6 \frac{a_5 2\pi}{\omega}, \cdots, 1 \pm \varepsilon^6 \frac{a_{2N} 2\pi}{\omega} \tag{9.20}$$

加上$\varepsilon^{12}$阶或更高阶项. 因此特征乘子的形式为$1,1,1 \pm\varepsilon^6\beta_5 + O(\varepsilon^{12}),\cdots,1 \pm \varepsilon^6\beta_{2N} + O(\varepsilon^{12})$,这里对于$j = 5,\cdots,2N,\beta_j \neq O$.

为了将这一解延拓到$(N + 1)$体问题,必须证明经典扰动定理 —— 定理6.5.2的延拓性. 这一延拓性与Henrard[33]中给出的延拓定理十分相似.

**引理9.2.1** 假设$\phi_0(t,\varepsilon)$是具有光滑哈密顿函数$L_0(u,\varepsilon)$的哈密顿系统的$T_0(\varepsilon)$周期解,这里$u \in \mathscr{O}$是$\mathbf{R}^{2m}$中的一个开集,且$|\varepsilon| \leqslant \varepsilon_0$,具有特征乘子

$$1,1,1 \pm\varepsilon^p\gamma_2 + O(\varepsilon^{p+1}),\cdots,1 \pm\varepsilon^p\gamma_m + O(\varepsilon^{p+1})$$

式中对于$j = 2,\cdots,m,\gamma_j \neq 0$. 假设一个能级中的周期映射是$\varepsilon^{p-1}$阶单位映射. 那么对于任意光滑函数$\tilde{L}(u,\varepsilon)$,存在一个$\varepsilon_1 > 0$和对于$|\varepsilon| \leqslant 1$的光滑函数$T_1(\varepsilon),\phi_1(t,\varepsilon)$使得$\phi_1(t,\varepsilon)$是哈密顿函数为$L_1(u,\varepsilon) = L_0(u,\varepsilon) + \varepsilon^{p+1}\tilde{L}(u,\varepsilon)$系统的$T_1(\varepsilon)$ - 周期解,这里$T_1(\varepsilon) = T_0(\varepsilon) + O(\varepsilon^{p+1})$和$\phi_1(0,\varepsilon) = \phi_0(0,\varepsilon) + O(\varepsilon^{p+1})$.

**证明** 在$\phi_0(0,0) \in \mathscr{O}$,选择横截于$\phi_0(0,0)$的超平面. 这一超平面将横截于$\varepsilon$十分小的两个流. 考虑这一超平面与能级面$L_0(u,\varepsilon) = L_0(\phi_0(0,0),0)$和$L_1(u,\varepsilon) = L_0(\phi_0(0,0),0)$的交点$\sigma_0(\varepsilon)$和$\sigma_1(\varepsilon)$. 对于小的$\varepsilon$且接近$\phi_0(0,0)$,$\sigma_0$和$\sigma_1$两者都是$2m - 2$维辛流形,定义出周期映射$P_0$和$P_1$. 假设$v$是$v = 0$时对应于$\phi_0(0,0)$的$\sigma_0$和$\sigma_1$的局部坐标. 滞后给出$P_1 = P_0 + O(\varepsilon^{p+1})$和$P_0(v,\varepsilon) = v + \varepsilon^pQ(v) + O(\varepsilon^{p+1})$,这里$Q(0) = 0$,且$Q$的雅可比矩阵在0处的特征值为$\pm\gamma_2,\cdots,\pm\gamma_m,\gamma_j \neq 0$. 为了求哈密顿函数为$L_1$的系统的周期解,必须解

$$P_1(v,\varepsilon) = v$$

或

$$v + \varepsilon^p(v) + O(\varepsilon^{p+1}) = v$$

或

$$Q(v) + O(\varepsilon) = 0$$

隐函数定理暗指最后的这个方程有使$\bar{v}(0) = 0$的光滑解$\bar{v}(\varepsilon)$. 解$\phi_1(t,\varepsilon)$就是在$t = 0$具有初始条件$\bar{v}(\varepsilon)$的哈密顿函数为$L_1$的系统的解.

这一基本扰动引理证明解(9.15)可以延拓到$(N + 1)$体问题.

**定理9.2.1** 假设$Z^*$是$N$体问题的非退化相对平衡态. 那么存在$(N+1)$体问题的相对周期解. 在这$(N+1)$体问题中$N-1$个质点和任意一对质心. 在接近相对平衡解处运动,两个质点在接近绕其质心的圆轨道处运动.

相对平衡态为非退化的这一条件是十分弱的. 对于$N=2$或3,所有相对平衡态是非退化的;Pacella[62]也证明了对于所有$N$和所有质量,共线相对平衡态是非退化的. Pacella[62]也证实几乎所有中心构形都是非退化的.

对于$N=2$,以上结果给出了三体问题的Hill解,这由Moulton[57]证实,并由Siegel[80]和Conley[19]讨论过了. 如果相对平衡态是由拉格朗日给出的三角构形,那么上面证实在Crandall[21]中给出的四体问题存在周期解. 如果相对平衡态是$N$体问题的共线构形,那么上面证实在Perron[65]中给出的$(N+1)$体问题存在周期解.

## 9.3 问题

1. 考虑限制性问题(2.7). 将一个主质点平移到原点,那么用$\xi\to\varepsilon^2\xi$,$\eta\to\varepsilon^{-1}\eta$和$t\to\varepsilon^{-3}t$标度. 小参量$\varepsilon$意指无穷小量接近主质点. 什么力是最重要的,什么力是次重要的? 见[51].

2. 使用问题1的标度和定理6.5.2证明限制性三体问题存在非常小半径的近圆轨道. 这说明三体问题什么? 见第八章.

3. 考虑希尔月球轨道(2.9),用$\xi\to\varepsilon^2\xi$,$\eta\to\varepsilon^{-1}\eta$和$t\to\varepsilon^{-3}t$标度. 小参量$\varepsilon$意指无穷小量接近主质点. 什么力是最重要的,什么力是次重要的? 证明希尔月球方程存在非常小半径的近圆轨道. 这说明三体问题什么? 见第十一章.

4. 证明限制性三体问题存在周期解,这些解相对会合线是对称的,且是开普勒问题椭圆轨道的延拓. 见[10,4,5,48].

5. 证明希尔月球问题(2.9)存在周期解,这些解相对两个坐标轴是对称的,且是开普勒问题椭圆轨道的延拓. 见[10,4,5,48].

# 第十章 彗星轨道

本章的主要结果是涉及一个距离其他 $N$ 个质点十分远的质点的平面$(N+1)$体问题存在一族周期解. 这一远距离质点被称作彗星. 在这族周期解中,其他 $N$ 个被称作主质点的质点在接近$N$体问题的非调谐相对平衡解处运动. 彗星在接近绕主质点系质心的开普勒问题圆轨道处运动.

这里用到的小参量是一个标度参量,它的小是指主质点间的距离相对它们到彗星的距离来说是小的. 这一标度是带乘子的辛变换. 没有质量被假设为小的.

对于三体问题来说,其解对应于希尔型周期解,因此正如第九章讨论的那样,在一个典型的希尔型解中,两个质点是靠近的,一个是远离的. 三体问题的这些周期解在 Moulton[56], Siegel[80] 和 Conley[19](见第九章)得以证实. 对于四体问题,Crandall[21] 证实存在主质点相对平衡态为拉格朗日等边三角形解的一族解.

这族解对于一般$(N+1)$体问题在彗星是小质量的这一附加假设下在 Meyer[48] 中及稍后在彗星质量可忽略这一假设下在 Meyer[45] 中得以证实. 限制性$(N+1)$体问题中这一族的数学模型在 Meyer[47] 中有论述.

本章使用与上一些章中本质上相同的方法. 然而由于在相对平衡态附近存在椭圆周期轨道,这一问题有不同的简化,且这一简化要求在原有自变量中有些变动.

## 10.1 雅可比坐标和标度

由于本章所做的主要假设是第$(N+1)$个质点到其他$N$个质点的质心的距离是大的. 它适于使用雅可比坐标,这是因为一个雅可比坐标$x_N$正好是从$N$个质点的质心到第$(N+1)$个质点的矢量. 同样,另一个雅可比坐标是整个系统的质心,$g=m_0q_0+m_1q_1+\cdots+m_Nq_N$,并且其共轭动量是此系统的总的线动量$G=p_0+p_1+\cdots+p_N$. 质心将固定在原点,总的线动量将通过设置$g=G=0$而置为零. 具有如此固定质心和线动量的$(N+1)$体问题的哈密顿函数用旋转雅可比坐标表示为

$$H=H_{N+1}=\sum_{j=1}^{N}\left(\frac{\|y_j\|^2}{2M_j}-x_j^{\mathrm{T}}Jy_j\right)-U_{N+1} \tag{10.1}$$

式中$M_i$是只与质量有关的常数($M_k=m_k\mu_{k-1}/\mu_k,\mu_k=m_0+m_1+\cdots+m_k$). 见3.5节. 将这一哈密顿函数写为

$$H=H_{N+1}=K+H_N+H^* \tag{10.2}$$

式中

$$K=\frac{\|y_N\|^2}{2M_N}-x_N^{\mathrm{T}}JyN-\frac{\mu_{N-1}m_N}{\|x_N\|} \tag{10.3}$$

$$H_N=\sum_{j=1}^{N-1}\left(\frac{\|y_j\|^2}{2M_j}-x_j^{\mathrm{T}}Jy_j\right)-U_N \tag{10.4}$$

$$H^*=m_N\sum_{j=1}^{N}m_j\left\{\frac{1}{d_{jN}}-\frac{1}{\|x_N\|}\right\} \tag{10.5}$$

上面式中,$K$是旋转坐标中开普勒问题的哈密顿函数. $H_N$是旋转雅可比坐标中$N$体问题的哈密顿函数(对于前$N$个质点). 最后,$H^*$是误差项,如果前$N$个质量间的距离是小的,那么此误差项为小量. 在标度定义主要问题之前需要准备哈密顿函数中的这些项.

## 10.2 开普勒问题

通过

$$x_N=\begin{pmatrix} r\cos\theta \\ r\sin\theta \end{pmatrix},y_N=\begin{pmatrix} R\cos\theta-(\Theta/r)\sin\theta \\ R\sin\theta-(\Theta/r)\cos\theta \end{pmatrix} \tag{10.6}$$

将(10.3)中的 $K$ 变为极坐标$(r,\theta,R,\Theta)$：

$$K=\frac{1}{2M_N}\{R^2+\frac{\Theta^2}{r^2}\}-\Theta-\frac{\mu_{N-1}m_N}{r} \tag{10.7}$$

运动方程变为

$$\dot{r}=\frac{R}{M_N},\dot{R}=\frac{\Theta^2}{M_Nr^3}-\frac{\mu_{N-1}m_N}{r^2}$$

$$\dot{\theta}=\frac{\Theta}{M_Nr^2}-1,\dot{\Theta}=0 \tag{10.8}$$

这些方程在 $R=0,\theta=\theta_0$ 处有平衡点，这里 $\theta_0$ 是任意的,$r_0=(\mu_{N-1}m_N/M_N)^{1/3},\Theta_0=M_N^{1/3}(\mu_{N-1}m_N)^{2/3}$. 关于这一平衡点的线性变分方程的哈密顿函数是

$$Q=\frac{1}{2}\{\frac{1}{M_N}P^2+M_N\rho^2+\frac{\Phi^2}{\Theta_0}-2\alpha\rho\Phi\} \tag{10.9}$$

且线性变分方程是

$$\dot{\phi}=\Phi/\Theta_0-\alpha\rho,\dot{\Phi}=0$$

$$\dot{\rho}=P/M_N,\dot{P}=-M_NP+\alpha\Phi \tag{10.10}$$

式中 $\phi=\delta\theta,\Phi=\delta\Phi,\rho=\delta r,P=\delta P$ 是变分,$\alpha=(M_N/\mu_{N-1}m_N)^{1/3}$. 线性化方程的特征方程是 $\lambda^2(\lambda^2+1)$,指数是 $0,0,+\mathrm{i},-\mathrm{i}$.

## 10.3 定义主要问题

考虑(10.2)中的完全的哈密顿函数 $H_{N+1}$,这里 $K$ 是(10.7),$H_N$ 是(10.4),$H^*$ 是(10.5). 标度变量、时间及哈密顿函数如下：

$$\theta=\theta_0+\varepsilon\phi,\Theta=\Theta_0+\varepsilon\Phi$$

$$r=r_0+\varepsilon M_N^{-1/2}\rho,R=\varepsilon M_N^{1/2}P$$

$$x_j=\varepsilon^4\xi_j,y_j=\varepsilon^{-2}\eta_j\quad j=1,\cdots,N-1$$

$$H=\varepsilon^6H_{N+1},t'=\varepsilon^{-6}t \tag{10.11}$$

这一变量变换是带有乘子 $\varepsilon^{-2}$ 的辛变换. 以下我们将略去 $t$ 上的"$'$". 现在小参量 $\varepsilon$ 意指主质点是相互靠近的,彗星是接近开普勒的圆轨道. 哈密顿函数变为

$$H=\sum_{j=1}^{N-1}\left\{\frac{\|\eta_j\|^2}{2M_j}-\varepsilon^6\xi_j^{\mathrm{T}}J\eta_j\right\}-\sum_{0\leqslant j<k\leqslant N-1}\frac{m_jm_k}{d_{jk}}+$$
$$\frac{\varepsilon^6}{2}\left\{P^2+\rho^2+\frac{\Phi^2}{\Theta_0}-2\alpha\rho\Phi\right\}+O(\varepsilon^7) \tag{10.12}$$

在上式中,暂时忽略 $\varepsilon^7$ 阶项. 在这一阶之前,哈密顿函数可分离为两项的和:第一项是慢速旋转坐标系中的 $N$ 体问题,第二项是线性变分方程(10.10)的哈密顿函数(10.9). 在此情况中,截断的运动方程是

$$\begin{aligned}
\dot{\xi}_j&=\eta_j/M_j-\varepsilon^6J\xi_j, j=1,\cdots,N-1\\
\dot{\eta}_j&=-\partial U/\partial\xi_j-\varepsilon^6J\eta_j, j=1,\cdots,N-1\\
\dot{\phi}&=\varepsilon^6\{\Phi/\Theta_0-\alpha\rho\}, \dot{\Phi}=0\\
\dot{\rho}&=\varepsilon^6P, \dot{P}=\varepsilon^6\{-P+\alpha\Phi\}
\end{aligned} \tag{10.13}$$

假设 $a=(a_1,\cdots,a_{N-1})$ 是第四章讨论过的 $N$ 体问题的非谐振中心构形,也就是假设

$$-M_ja_j=\partial_jU(a), j=1,\cdots,N-1 \tag{10.14}$$

通过 $b_j=M_jJa_j$ 定义 $b=(b_i,\cdots,b_{N-1})$. 现在这些截断方程(10.13)的周期解为

$$\begin{aligned}
\xi_j(t)&=e^{\omega Jt}a_j, j=1,\cdots,N-1\\
\eta_j(t)&=e^{\omega Jt}b_j, j=1,\cdots,N-1\\
\phi&=\Phi=\rho=P=0
\end{aligned} \tag{10.15}$$

式中 $\omega=1-\varepsilon^6$,且周期是 $2\pi/\omega=2\pi(1+\varepsilon^6+\cdots)$.

为了计算方程(10.13)这一周期解的乘子,进行变量的周期变换:

$$\begin{aligned}
\xi_j(t)&=e^{\omega Jt}w_j, j=1,\cdots,N-1\\
\eta_j(t)&=e^{\omega Jt}z_j, j=1,\cdots,N-1
\end{aligned} \tag{10.16}$$

(10.13)中的前两个方程变为

$$\begin{aligned}
\dot{w}_j&=z_j/M_j-Jw_j, j=1,\cdots,N-1\\
\dot{z}_j&=-\partial_jU(w)-Jz_j, j=1,\cdots,N-1
\end{aligned} \tag{10.17}$$

周期解(10.15)变为 $w_j=a_j, z_j=b_j, \phi=\Phi=\rho=P=0$. 方程(10.17)是旋转坐标中 $N$ 体问题的方程,所以有关 $w_j=a_j, z_j=b_j$ 的变分方程生成指数 $0, 0, +\mathrm{i}, -i, \lambda_5, \cdots, \lambda_{4N-4}$. 因此特征乘子是

$$\begin{aligned}
&+1, +1, \exp(\mathrm{i}2\pi/\omega), \exp(-\mathrm{i}2\pi/\omega)\\
&\exp(\lambda_5 2\pi/\omega), \cdots, \exp(\lambda_{4N-4}2\pi/\omega)\\
&+1, +1, \exp(+\mathrm{i}\varepsilon^6 2\pi/\omega), \exp(-\mathrm{i}\varepsilon^6 2\pi/\omega)
\end{aligned} \tag{10.18}$$

假设特征值 $\lambda_5, \cdots, \lambda_{4N-4}$ 不是 i 的整数倍,那么对于小参量 $\varepsilon$, $\exp(\lambda_j 2\pi/\omega)\neq 1, j=5,\cdots,4N-4$. 由于 $2\pi/\omega=2\pi(1+\varepsilon^6+\cdots)$,那么有 $\exp(\pm\mathrm{i}2\pi/\omega)=1\pm$

$\varepsilon^6 i2\pi + O(\varepsilon^{12})$ 和 $\exp(\pm i\varepsilon^6 2\pi/\omega) = 1 \pm \varepsilon^6 i2\pi + O(\varepsilon^{12})$. 因而在(10.18)中的乘子分成三组:第一组四个等于 +1,第二组,四个形式为 $1 \pm i2\pi\varepsilon^6 + \cdots$,最后一组 $4N-8$ 个形式为 $\delta_j + O(\varepsilon^6)$,$\delta_j = \exp(2\pi\lambda_j) \neq +1$.

基本上,此后自变量是经典单变分思想的直接应用. 问题仍然容许旋转对称,所以角动量是一个积分. 转到约化空间消去两个等于 +1 的乘子,留下两个. 通过考虑能量表面上的横截面映射,消去剩余的两个,所以隐函数定理可以用于求解约化空间上($N+1$)体问题的接近于解(10.15)的周期解. 这一单调来自于在不同阶上乘子都不同于 +1 这一事实. 接下来将探讨这些难题.

## 10.4 约化空间

如(10.7)中一样带 $K$ 的哈密顿函数(10.2)是通过 $\tau$ 旋转的辛对称下的不变量,也就是

$$(x_1, y_1, \cdots, x_{N-1}, y_{N-1}, r, \theta, R, \Theta) \to$$
$$(e^{Jt}x_1, e^{J\tau}y_1, \cdots, e^{J\tau}x_{N-1}, e^{J\tau}y_{N-1}, r, \theta+\tau, R, \Theta) \qquad (10.19)$$

所以承认总角动量

$$O = \sum_{j=1}^{N-1} x_j^{\mathrm{T}} J y_j + \Theta \qquad (10.20)$$

为一个积分. 在新的标度变量中,角动量变为

$$O = \varepsilon^2 \sum_{j=1}^{N-1} \xi_j^{\mathrm{T}} J \eta_j + \Theta_0 + \varepsilon \Phi \qquad (10.21)$$

通过将角动量固定为 $\Theta_0$,可以解 $\Phi$,求出

$$\Phi = -\varepsilon \sum_{j=1}^{N-1} \xi_j^{\mathrm{T}} J \eta_j \qquad (10.22)$$

通过获得固定的 $O$ 并略去共轭角 $\phi$,可降到约化空间. 约化空间上的辛坐标为

$$\xi_1, \eta_1, \cdots, \xi_N, \eta_N, \rho, P$$

约化空间上 $N$ 体问题的哈密顿函数为

$$H = \sum_{j=1}^{N-1} \left\{ \frac{\|\eta_j\|^2}{2M_j} - \varepsilon^6 \xi_j^{\mathrm{T}} J \eta_j \right\} - \sum_{0 \leqslant j < k \leqslant N-1} \frac{m_j m_k}{d_{jk}} +$$
$$\frac{\varepsilon^2}{2}\{P^2 + \rho^2\} + O(\varepsilon^7) \qquad (10.23)$$

这实质上是没有 $\phi$ 和 $\Phi$ 项的哈密顿函数(10.20). 到 $\varepsilon^6$ 阶,存在一个周期解:

$$\xi_j(t) = e^{\omega Jt} a_j, \eta(t) = e^{\omega Jt} b_j, i = 1, \cdots, N-1$$
$$\rho = P = 0 \qquad (10.24)$$

如上,计算乘子为

$$+1,\ +1,\exp(2\pi i/\omega),\exp(-2\pi i/\omega),\exp(\lambda_5 2\pi/\omega),\cdots,\exp(\lambda_{4N-4}2\pi/\omega)$$
$$\exp(+i\varepsilon^6 2\pi/\omega),\exp(-i\varepsilon^6 2\pi/\omega) \tag{10.25}$$

现在(10.25)中的乘子合为三组. 第一组是两个等于 $+1$,第二组是四个形式为 $1\pm 2\pi i\varepsilon^6+\cdots$,最后是 $4N-8$ 个形式为 $\delta_j+O(\varepsilon^6)$,$\delta_j=\exp(2\pi\lambda_j)\neq +1$.

## 10.5 周期解的延拓

考虑约化空间上(10.23)中标度后的哈密顿函数 $H$. 达 $\varepsilon^6$ 阶,解(10.24)是具有如(10.25)中乘子的$(2\pi/\omega)$周期的. 考虑 $H$ 常值的能量表面中的庞加莱映射 $\Sigma$. 当考虑能量表面中的庞加莱映射时,最后的两个 $+1$ 乘子不存在. $\Sigma$ 的固定点对应于周期解.

首先看一下达 $\varepsilon^5$ 阶的庞加莱映射. 到这一阶,周期为$2\pi$. 消去 $\varepsilon^6$ 阶及高阶项. 只保留固定坐标中 $N$ 体问题的哈密顿函数,因为旋转项是 $\varepsilon^6$ 阶的. 在穿越相对平衡态的能量面中存在一个充满第4.6节讨论的椭圆周期解的二维面. 这些周期解全都是 $2\pi$ 周期,所以周期映射将各点固定在这个二维面上. 同样,达到这一阶,变量$\rho$和$P$是固定的. 因而存在一个四维流形,它在 $\varepsilon^5$ 阶周期映射下是固定的.

假设 $\sigma$ 是这一流形中的局部坐标,$\tau$ 是能量面内的补充坐标. 点 $\sigma=0,\tau=0$ 对应于达 $\varepsilon^6$ 阶的固定点. 因而庞加莱映射的形式为 $\Sigma:(\sigma,\tau)\to(\sigma',\tau')$,且

$$\sigma'=\sigma+\varepsilon^6(E_1\sigma+E_2\tau+S(\sigma,\tau))+O(\varepsilon^7)$$
$$\tau'=A_4\tau+\varepsilon^6(E_3\sigma+E_4\tau+T(\sigma,\tau))+O(\varepsilon^7) \tag{10.26}$$

式中 $A_4,E_1,E_2,E_3,E_4$ 是相应大小的常值矩阵,$S$ 和 $T$ 是光滑函数,且 $S(0,0)=T(0,0)=0$. 由乘子的讨论知 $A_4$ 的特征根是 $\delta_j=\exp(2\pi\lambda_j)\neq +1, j=5,\cdots,4N-4$. $E_1$ 的特征根是 $\pm 2\pi i,\ \pm 2\pi i$.

为求 $\Sigma$ 的固定点,必须解

$$0=E_1\sigma+E_2\tau+S(\sigma,\tau)+O(\varepsilon)$$
$$0=(A_4-I)\tau+\varepsilon^6(E_3\sigma+E_4\tau+T(\sigma,\tau))+O(\varepsilon^7) \tag{10.27}$$

直接应用隐函数定理得出(10.2)的解,其形式为 $\sigma=\sigma^*(\varepsilon)=O(\varepsilon^7)$,$\tau=\tau^*(\varepsilon)=O(\varepsilon^7)$,这里 $\sigma^*$ 和 $\tau^*$ 是 $\varepsilon$ 的光滑函数,$\varepsilon$ 为小参量,且 $\sigma^*(0)=\tau^*(0)=0$.

因而有

**定理10.5.1** 取 $N$ 体问题的一个非谐振相对平衡解. 那么$(N+1)$体问题在约化空间上存在一个周期解. 在此约化空间中,$N$ 个质点保持接近相对平衡解,而一个剩余质点是接近环绕 $N$ 个质点系质心的开普勒问题的圆轨道.

**推论 10.5.1** 在约化三体问题上存在椭圆周期解,这里两个质点在绕其质心的近圆轨道上运动,第三个质点在一个大半径圆轨道上运动.

## 10.6 问题

1. 讨论这一命题:对于三体问题来说,第九章和第十章中的周期轨道是相同的.

2. 用 $\xi \to \varepsilon^2 \xi, \eta \to \varepsilon\eta$ 来标度限制性 $(N+1)$ 体问题,所以小参量 $\varepsilon$ 意指无穷小量近似无穷. 近似无穷小,哥氏力占主要的,并且次重要的力可看作为两个质点在原点的开普勒问题. 见[51].

3. 利用问题 2 的标度和定理 6.5.2 证明限制性 $(N+1)$ 体问题存在一个非常大半径的近圆轨道. 这说明了 $(N+1)$ 体问题什么? 证明这些轨道是椭圆的. 见第十章.

4. 利用 KAM 理论证明问题 3 的周期轨道是一般旋转型,所以是稳定的. 见[47]

5. 利用问题 2 的标度证明限制性三体问题中存在具有任意偏心率的近椭圆对称周期轨道. 见[47,56].

6. 试用以下标度代替(10,11) 中所使用的标度:

$$\theta = \theta_0 + \phi, \Theta = \Theta_0 + \varepsilon^2 \Phi$$

$$r = r_0 + \varepsilon M_N^{-1/2} \rho, R = \varepsilon M_N^{1/2} P$$

$$x_j = \varepsilon^4 \xi_j, y_j = \varepsilon^{-2} \eta_j, j = 1, \cdots, N-1$$

$$H = \varepsilon^6 H_{N+1}, t' = \varepsilon^{-6} t$$

# 第十一章 希尔月球方程

希尔对天体力学的主要贡献之一是重新阐述了月球理论的主要问题:给出了月球运动首次近似方程的新定义[34].由于他的首次近似方程比原有的首次近似方程包含更多项,扰动更小,可以获得比原有的级数收敛更快的月球位置的级数表示式.确实,多年来月球天文历表都是由布朗研究出的级数计算出来的,而布朗所用到的主要问题正是由希尔定义的.即使在今天,月球运动的更精确级数解的大多数搜寻者仍使用主要问题的希尔定义.

在希尔之前,主要问题包括两个开普勒问题:一个是描述地球和月球绕它们的质心的运动,另一个是太阳和地 - 月系质心的运动.两个开普勒问题之间的耦合项在首次近似时是被忽略的.德劳内(Delaunay)将这一主要问题的定义用于他的月球问题求解,但是 20 年后计算仍未能满足当时的观测精度.

在主要问题的希尔定义中,太阳和地 - 月系的质心一直满足开普勒问题,但是月球的运动由被称作希尔月球方程的不同方程组描述.希尔使用有关不同物理常数相对尺寸的启发式自变量确定出某些其他足够大的应该合并到主要问题的项.这一组项并没有使首次近似与完整问题之间的关系的描述更精确.即使粗大误差的估计也是难以获得.

在希尔月球方程的一般描述中,要求考虑被固定于原点的物体(地球)所吸引的一个无穷小物体(月球)的运动.无穷小物体在正 $x$ 轴指向一个无穷远的无穷大物体(太阳)的旋转坐标系中运动.取两个无穷大数值的比值便得太阳对月球的万有引力是有限量.这一描述并没有交代清楚希尔月球方程与完整三体问题之间的关系.

本章中,使用哈密顿函数的辛标度方法给出月球理论的主要问题的精确推导.在一组假设下,导出德劳内所用到的主要问题,在另一组假设下,导出由希尔给出的主要问题.此推导是有关三体问题极限特性的精确渐近命题,因此可以用于给出首次近似解和完全解的推导的精确估计.(这些估计在实际意义上不是明显的.)

对于主要问题的希尔定义的选择来说,这些推导给出一个数学上的可靠论证.对于一种机械问题来说,辛标度法是定义主要问题的正确方法.利用这一标度,证明周期不是 $2\pi$ 倍数的希尔月球方程的非退化周期解可以延拓到退化空间上的完整三体问题.

## 11.1 定义主要问题

本节将说明如何将标度辛坐标引入到三体问题,使得希尔方程成为首次近似方程.也将研究其他标度变量,看它们为什么造成不好的近似.

考虑一个相对固动牛顿坐标系以等于 1 的恒定角频率旋转的坐标系,假设 $q_0, q_1, q_2; p_0, p_1, p_2$ 是质量为 $m_0, m_1, m_2$ 的三个质点相对此旋转坐标系的位置矢量和动量矢量.在我们通常的讨论中,提到的质量为 $m_0, m_1, m_2$ 的质点分别为地球、月球和太阳.由于我们要消去质心的运动,且要标度地球与月球之间的距离,所以我们选择用雅可比坐标表示这些方程.通过在雅可比坐标中令 $g = G = 0$ 将线动量和质心置为零.这完成了首次简化.进行坐标的以下辛变换:

$$\begin{gathered} x_1 = q_1 - q_0 \\ x_2 = q_2 - (m_0 + m_1)^{-1}\{m_0 q_0 + m_1 q_1\} \\ y_1 = (m_0 + m_1)^{-1}\{m_0 p_1 - m_1 p_0\} \\ y_2 = (m_0 + m_1 + m_2)^{-1}\{(m_0 + m_1) p_2 - m_2(p_0 + p_1)\} \end{gathered}$$

以获得

$$H = \sum_{i=1}^{2}\left\{\frac{\|y_i\|^2}{2M'_i} - x_i^{\mathrm{T}} J y_i\right\} - \frac{m_0 m_1}{\|x_1\|} - \frac{m_1 m_2}{\|x_2 - \alpha'_0 x_1\|} - \frac{m_0 m_2}{\|x_2 + \alpha'_1 x_1\|} \tag{11.1}$$

式中

$$M'_1 = (m_0 + m_1)^{-1} m_0 m_1$$
$$M'_2 = (m_0 + m_1 + m_2)^{-1}(m_0 + m_1) m_2$$
$$\alpha'_0 = (m_0 + m_1)^{-1} m_0$$
$$\alpha'_1 = (m_0 + m_1)^{-1} m_1$$

以(11.1)中的哈密顿函数作为我们的起始点，进行各种量值大小的不同假设直到得到月球理论首次近似方程的定义. 每一种假设都导致变量的自然标度.

首次假设是地球与月球的质量近似相等，但它们的质量相对太阳的质量是小量. 为了这一效果，我们令

$$m_0 = \varepsilon^{2c}\mu_0, m_1 = \varepsilon^{2c}\mu_1, m_2 = \mu_2 \tag{11.2}$$

式中 $\varepsilon$ 是一个正的小参量，$\mu_0, \mu_1, \mu_2$ 是正的常数，$c$ 是一个稍后选择的正整数. 由于两个质点的质量是 $\varepsilon^{2c}$ 阶，它们的动量将为相同阶，所给出的它们的速度是一阶的. 尽管不是完全必须的，但是如果首先标度一下动量，考虑幅值的阶的这一观测值，将使讨论更加清楚. 因此我们将 $y_1 \to \varepsilon^{2c} y_1, y_2 \to \varepsilon^{2c} y_2$ 代入(11.1). 随乘子 $\varepsilon^{2c}$ 的变量的辛变换，哈密顿函数变为

$$H = H_1 + H_2 + O(\varepsilon^{2c})$$
$$H_1 = \frac{\| y_1 \|^2}{2M_1} - x_1^{\mathrm{T}} J y_1 - \frac{\varepsilon^{2c}\mu_0\mu_1}{\| x_1 \|}$$
$$H_2 = \frac{\| y_2 \|^2}{2M_2} - x_2^{\mathrm{T}} J y_2 - \frac{\mu_1\mu_2}{\| x_2 - \alpha_0 x_1 \|} - \frac{\mu_0\mu_2}{\| x_0 + \alpha_1 x_1 \|} \tag{11.3}$$

式中

$$M_1 = (\mu_0 + \mu_1)^{-1}\mu_0\mu_1, M_2 = \mu_0 + \mu_1$$
$$\alpha_0 = (\mu_0 + \mu_1)^{-1}\mu_0, \alpha_1 = (\mu_0 + \mu_1)^{-1}\mu_1 \tag{11.4}$$

注意到 $O(\varepsilon^{2c})$ 项只与 $\| y_1 \|$ 和 $\| y_2 \|$ 有关.

下一个假设是地球与月球之间的距离($\| x_1 \| = \| q_1 - q_0 \|$)相对太阳和地月系质心之间的距离($\| x_2 \|$)是小量. 通过变量变换 $x_1 \to \varepsilon^{2a} x_1$ 实现这一假设，这里 $a$ 是稍后要选择的正整数. 这不是变量的辛变换，它将由下面给出的变量变换来校正. 这一变量变换使(11.3)中与 $x_1$ 无关的 $H_2$ 变到更低阶. 特别地，有

$$H_2 = H_3 + O(\varepsilon^{4a})$$
$$H_3 = \frac{\| y_2 \|^2}{2M_2} - x_2^{\mathrm{T}} J y_2 - \frac{\mu_2(\mu_0 + \mu_1)}{\| x_2 \|} \tag{11.5}$$

注意到由于常数 $\alpha_0$ 和 $\alpha_1$ 的特殊形式，$\varepsilon^{2a}$ 阶项为零. $H_3$ 是开普勒问题的哈密顿函数，这里质量为 $\mu_2$ 的固定物体位于原点，另一个质量为 $\mu_0 + \mu_1$ 的物体在旋转坐标系中运动，并由牛顿万有引力吸引向固定物体. 可以将固定物体认为是太

阳,另一个物体是地球和月球的联合体.

第三个和最后一个假设是地月系的质心在绕太阳的近圆轨道上运动. 因此需要在作这一假设前通过改变坐标来处理 $H_3$. 由于 $H_3$ 是旋转坐标系中开普勒问题的哈密顿函数,圆轨道之一变为 $H_3$ 的临界点的圆. 特别地,对于一个满足 $\| d \|^3 = \mu_2$ 的常矢量 $d$ 来说,$H_3$ 有一个临界点 $x_2 = g, y_2 = -M_2 Jg$. 引入坐标

$$Z = \begin{pmatrix} x_2 \\ y_2 \end{pmatrix}$$

和一个常矢量

$$Z_0 = \begin{pmatrix} d \\ -M_2 Jd \end{pmatrix}$$

使得 $H_3$ 是 $Z$ 的函数,且 $\nabla H_3(Z_0) = 0$. 利用泰勒定理,有

$$H_3(Z) = H_3(Z_0) + \frac{1}{2}(Z - Z_0)^{\mathrm{T}} S(Z - Z_0) + O(\| Z - Z_0 \|^3) \quad (11.6)$$

式中 $S$ 是在 $Z_0$ 处估计出的 $H_3$ 的海赛形式. 由于常数在运动方程公式中消失,所以将在以后的讨论中忽略常数 $H_3(Z_0)$. 因此由于我们要求取近圆解,要求取 $Z$ 接近 $Z_0$ 的解,所以进行变量变换 $Z - Z_0 \to \varepsilon^b V$,这里 $b$ 也是稍后要选择的正整数.

至此,始于(11.3),提出以下变量变换:$x_1 \to \varepsilon^{2a} x_1$ 和 $Z - Z_0 \to \varepsilon^b V$. 为了获得变量的辛变换(乘子为 $\varepsilon^{-2b}$),必须取变换 $y_1 \to \varepsilon^{2(b-a)} y_1$. 因此,提出以下(11.3) 中变量的辛变换:

$$\begin{aligned} x_1 &\to \varepsilon^{2a} x_1 \\ y_1 &\to \varepsilon^{2(b-a)} y_1 \\ Z - Z_0 &\to \varepsilon^b V \\ H &\to \varepsilon^{-2b} H \end{aligned} \quad (11.7)$$

此外,我们引入三个正整数 $a, b$ 和 $c$ 作为三个物理量幅值阶的量度. 变量 $a, b$ 和 $c$ 中的一个是固定的,但是由于我们求取整数解,最好不要过早的选择它们中的一个.

考虑由德劳内定义的主要问题. 在这种情况中,地 - 月系是一个开普勒问题,所以必须选择标度使得 $H_1$ 中的动能和势能的幅值的阶相同. 这产生约束 $2b = a + c$. 同样,$H_2$ 与 $H_3$ 间的差为 $\varepsilon^{4a}$ 阶,必须比 $H_1$ 中的能量项都高一阶. 这造成不等式 $2a > b$.

由于等式 $2b = a + c$ 和不等式 $2a > b$ 不能得出唯一解,我们选择小的整数解,$a = 2, b = 3, c = 4$. 依据这一选择,哈密顿函数(11.1) 变为

$$H = \varepsilon^{-2} \left\{ \frac{\| y_1 \|^2}{2M_1} - \frac{\mu_0 \mu_1}{\| x_1 \|} \right\} + \left\{ \frac{1}{2} V^{\mathrm{T}} S V - x_1^{\mathrm{T}} J y_1 \right\} + O(\varepsilon^2) \quad (11.8)$$

符合两个约束的 $a,b$ 和 $c$ 的其他选择方案产生性质相似的标度哈密顿函数，更确切地说，$V^{T}SV$ 和 $x_1^{T}Jy_1$ 项总是零阶，$\|y_1^2\|$ 和 $1/\|x_1\|$ 项是 $\varepsilon^{2b-4a}$ 阶，其指数为负. 为了更好地理解这一变换后的哈密顿函数，进行一下更进一步的变量变换. 用 $\tau=\varepsilon^{-2}t$ 定义一个新的时间，同样由 $K=\varepsilon^{2}H$ 定义一个新的哈密顿函数，所以在新的时间中所定义的问题由下式给出：

$$K=\frac{\|y_1\|^2}{2M_1}-\frac{\mu_0\mu_1}{\|x_1\|}+\varepsilon^2\left\{\frac{1}{2}V^{T}SV-x_1^{T}Jy_1\right\}+O(\varepsilon^4) \qquad (11.9)$$

由常微分方程的一般理论，在可能最差情况中消去 $\varepsilon^4$ 阶项造成形式为 $O(\varepsilon^4)e^{L\tau}=O(\varepsilon^4)e^{Lt/\varepsilon^2}$ 的误差，这里 $L$ 是一个常数，所以消去高阶项只是对十分短的时间是正确的. 由于符合约束的 $a,b$ 和 $c$ 的一种选择方案使得有相同性质形式的哈密顿函数，没有办法克服这一难题. 显然我们必须放弃不等式 $2a>b$. 且要将更多的项并入主要问题.

我们继续定义由希尔提出的主要问题. 由于需要 $H_1$ 中的两个具有相同阶幅值的能量项，一直强加约束 $2b=a+c$. 在之前尝试中的实质问题是 $H_3$ 不能非常好地近似 $H_2$. 跟随希尔，将 $H_2$ 中的两个困难的项展成勒让德级数.

$$\frac{\mu_1\mu_2}{\|x_2-\alpha_0x_1\|}+\frac{\mu_0\mu_2}{\|x_2+\alpha_1x_1\|}=$$
$$\frac{\mu_2(\mu_0+\mu_1)}{\|x_2\|}+\frac{1}{\|x_2\|}\sum_{k=2}^{\infty}d_k\rho^kP_k(\cos\theta)$$

式中 $\rho=\|x_1\|/\|x_2\|$，$d_k=\mu_1\mu_2\alpha_0^k+\mu_0\mu_2(-\alpha_1)^k$，$\theta$ 是 $x_1$ 和 $x_2$ 间夹角，$P_k$ 是第 $k$ 次勒让德多项式. 见[22]. 因此(11.3) 变为：

$$H=H_1+H_2-\frac{1}{\|x_2\|}\sum_{k=2}^{\infty}d_k\rho^kP_k(\cos\theta)+O(\varepsilon^{2c}) \qquad (11.10)$$

希尔指出级数中的第一项应该与 $H_1$ 中的项的幅值的阶相同；这产生条件 $2a=b$ 和 $2b=a+c$. 最简单的整数解是 $a=1,b=2,c=3$. 通过选择标度因数，哈密顿函数变为

$$H=\frac{\|y_1\|^2}{2M_1}-x_1^{T}Jy_1-\frac{\mu_0\mu_1}{\|x_1\|}-\frac{d_2}{\mu_2}\|x_1\|^2P_2(\cos\theta)+$$
$$\frac{1}{2}V^{T}SV+O(\varepsilon^2) \qquad (11.11)$$

（记起 $\|x_2\|^3=\mu_2+\cdots$）现由微分方程的一般理论，忽略 $O(\varepsilon^2)$ 项会造成有界时间区间上的 $\varepsilon^2$ 阶误差. 因此将主要问题定义为(11.11) 中不带 $O(\varepsilon^2)$ 的哈密顿函数是非常好的选择.

为了减小(11.11) 中常数的数目，进行变量的进一步标度. 引入新变量 $\xi$ 和 $\eta$ 以消去下标，应用 $P_2(x)=\frac{1}{2}(1-3x^2)$ 这一情况. 同样选择 $d=(\mu_2^{1/3},0)$ 使

得横坐标指向太阳. 进行变量的辛变换

$$x_1=(\mu_0+\mu_1)^{1/3}\xi$$
$$y_1=(\mu_0+\mu_1)^{1/3}M_1\eta$$
$$V=(\mu_0+\mu_1)^{1/3}M_1^{1/2}V \tag{11.12}$$

使得(11.11) 变为

$$H=\frac{\|\eta\|^2}{2}-\xi^{\mathrm{T}}J\eta-\frac{1}{\|\xi\|}-\frac{1}{2}(3\xi_1^2-\|\xi\|^2)+$$
$$V^{\mathrm{T}}SV+O(\varepsilon^2) \tag{11.13}$$

选择标度变量消去希尔方程中的所有参数. 注意到通过要求太阳的运动周期是 $2\pi$ 来固定时间标度.

## 11.2 周期解的延拓

希尔建议通过首次求取由哈密顿函数

$$H_L=\frac{1}{2}\|\eta\|^2-\xi^{\mathrm{T}}J\eta-\frac{1}{\|\xi\|}-\xi_1^2+\frac{1}{2}\xi_2^2 \tag{11.14}$$

定义的系统的周期解并将这一解延拓到完整问题来构建月球理论.(这些方程由被称作希尔月球方程的(11.14) 定义.) 通过证明以下定理来验证这一过程.

**定理 11.2.1** 希尔月球方程的一个周期不是 $2\pi$ 倍数的非退化周期解可以作为相对周期解延拓到约化空间上的完整三体问题中. 如果希尔月球方程的解是椭圆的(双曲线的),那么它在约化空间上的延拓也是椭圆的(椭圆 - 双曲线的).

更精确地

**定理 11.2.2** 假设 $\xi=\phi_0(t)$, $\eta=\psi_0(t)$ 是希尔月球方程的一个 $\tau$ 周期解,其特征乘子为 $1,1,\beta,\beta^{-1}$. 假设这一解是非退化的,也就是说,对于任意整数 $n$, $\beta\neq 1$ 和 $\tau\neq n2\pi$. 那么存在存在光滑 $\phi(t,\varepsilon)=\phi_0(t)+O(\varepsilon^2)$, $\psi(t,\varepsilon)=\psi(t)+O(\varepsilon^2)$, $\tau(\varepsilon)=\tau+O(\varepsilon^2)$ 和 $V(\varepsilon)=O(\varepsilon^2)$,它们能生成约化空间上三体问题的一个 $\tau(\varepsilon)$ 周期的相对周期解. 此外,这一周期解在约化空间上的特征乘子是 $1,1,\exp(\pm \mathrm{i}\tau+O(\varepsilon^2))$, $\beta+O(\varepsilon^2)$, $\beta^{-1}+O(\varepsilon^2)$.

我们用心建立方程使得这一定理的证明与第八章给出的限制性 $N$ 体问题的类似定理的证明近乎精确一致,我们只在这里概述一下定理的证明.

**证明** 由(11.3) 定义的系统允许总的角动量积分

$$O=x_1^{\mathrm{T}}Jy_1+x_2^{\mathrm{T}}Jy_2 \tag{11.15}$$

如前,令 $Z=(x_2,y_2)$,并假设 $d$ 是行矢量,它是关于 $Z_0$ 处估计出的 $Z$ 的 $x_2^{\mathrm{T}}Jy_2$ 的

梯度. 由于 $Z_0 \neq 0$,因而 $d \neq 0$. 标度使(11.15) 简化为

$$O = \varepsilon^4 x_1^{\mathrm{T}} J y_1 + \varepsilon^2 cV + O(\varepsilon^4) = \varepsilon^2 \{dV + O(\varepsilon^2)\} \tag{11.16}$$

因此对于 $\varepsilon$ 的最低阶,角动量矢量只取决于 $x_2$ 和 $y_2$ 或 $V$ 坐标,也就是说大部分角动量是在太阳和地 - 月系中. 因此对于 $\varepsilon$ 的最低价,消去角动量积分及其共轭变量只影响 $x_2, y_2$ 坐标.

在 $x_2$ 平面引入极坐标并延拓以获得 $x_2, y_2$ 空间上的辛坐标系. 称这些坐标为 $r, \theta, R, \Theta$. 对于 $\varepsilon$ 中的最低阶,$\Theta$ 是总角动量,所以当确定角动量并忽略其共轭变量,可有效消去 $\Theta$ 和 $\theta$,将(11.13) 简化为

$$H = H_L + \frac{1}{2}\{\frac{R^2}{M} + Mr^2\} + O(\varepsilon^2) \tag{11.17}$$

(见第三章或[51]). 因此对于 $\varepsilon$ 中的第零阶,三体问题的哈密顿函数解耦为希尔月球问题的哈密顿函数和谐振子的哈密顿函数之和.

当 $\varepsilon = 0$,由(11.17) 定义的运动方程可解耦,易见 $\xi = \phi_0(t), \eta = \psi_0(t)$, $R = r = 0$ 是其有特征乘子 $1, 1, \beta, \beta^{-1}, e^{i\tau}, e^{-i\tau}$ 的 $\tau$ - 周期解. 由于假设 $\tau$ 不是 $2\pi$ 的倍数,这一周期解正好有两个等于 + 1 的特征乘子,且此周期解是非退化的. 因此扰动分析的标准理论,定理 6.5.2 说当 $\varepsilon \neq 0$ 时此解可以像完全问题的周期解一样延拓到退化空间.

在类似情况中可以考虑特殊描述的希尔月球方程.

**定理 11.2.3** 假设 $\xi = \phi_0(t), \eta = \psi_0(t)$ 是特殊希尔月球运动方程的一个 $\tau$ - 周期解,其特征乘子为 $1, 1, \beta_1, \beta^{-1}, \beta_2, \beta_2^{-1}$. 假设这一解是非退化的,也就是说,对于任意整数 $n$, $\beta_1 \neq 1$, $\beta_2 \neq 1$ 和 $\tau \neq n2\pi$. 因此有在光滑函数 $\phi(t, \varepsilon) = \phi_0(t) + O(\varepsilon^2)$, $\psi(t, \varepsilon) = \psi(t) + O(\varepsilon^2)$, $\tau(\varepsilon) = \tau + O(\varepsilon^2)$ 和 $V(\varepsilon) = O(\varepsilon^2)$,它们生成特殊三体问题在退化空间上的 $\tau$ - 周期相对周期解. 此外,在退化空间上这一周期解的特征乘子是 $1, 1, \exp(\pm i\tau + O(\varepsilon^2)), \beta_1 + O(\varepsilon^2), \beta_1^{-1} + O(\varepsilon^2), \beta_2 + O(\varepsilon^2), \beta_2^{-1} + O(\varepsilon^2)$.

## 11.3 问题

1. 证明定理 11.2.3.
2. 标度限制性问题以获得希尔月球方程

a. 通过标度

$$q_1 \to q_1 + 1 - \mu, q_2 \to q_2, p_1 \to p_1, p_2 \to p_2 + 1 - \mu$$

将限制性问题的一个主质点移到原点.

b. 将势能的一项展成泰勒级数以获得

$$-\frac{1-\mu}{\|q+(1,0)\|}=-(1-\mu)(1-x_1+x_1^2-\frac{1}{2}x_2^2+\cdots)$$

c. 用 $q\to\mu^{-1/3}, p\to\mu^{-1/3}p$ 标度限制性问题的哈密顿函数以获得 $H_R=H_L+O(\mu^{1/3})$，这里 $H_R$ 是限制性问题的哈密顿函数，$H_L$ 是希尔月球问题的哈密顿函数.

3. 利用问题 2 的标度说明希尔月球问题的任意一个非退化周期解可以延拓到限制性问题.

# 第十二章 椭圆问题

本章涉及经典天体力学的平面 $N$ 体问题及其与椭圆限制性问题的关系. 与以往的问题不同,此问题是一个周期性哈密顿系统.

我们给出椭圆型限制问题的不同推导,它给出开普勒问题每种类型解的限制性问题. 特别地,开普勒问题的任意一个解,无论它是圆、椭圆、抛物线,还是双曲线,都会产生一个坐标系,在此坐标系中完整平面 $N$ 体问题的哈密顿函数是相对简单的. 如果开普勒问题的解是圆,那么这一坐标系是标准旋转坐标系;如果开普勒问题的解是椭圆,那么这一坐标系是椭圆型限制性三体问题中用到的旋转—脉动坐标系. 下面给出的推导强调了开普勒问题的作用,因此避开了标准推导的冗长的三角法. 试图将这些坐标称为“开普勒坐标”,但是此名称在天体力学中已经有了非常确实的意思,所以将这些坐标以阿波罗尼斯(Apollonius of Perga)(公元前 262—200) 命名为阿波罗尼斯坐标,此人写了一本关于圆锥曲线的权威著作. 旋转 - 脉动坐标的由来和椭圆限制性三体问题可追溯到 Scheibner 的著作[73],它们是由 Nechvile[60] 和其他人重新发现的. 在 Waldvogel[88] 中为了不同目的,旋转 - 脉动坐标用于将三体问题用简单形式表示. Szebehely[86] 中的注释有更多有关历史性著作的信息.

$N$ 体问题的中心构形在这些坐标中是一个平衡点，因此被称作相对平衡态. 给定 $N$ 体问题的任意一个中心构形和开普勒问题的任意一个解，那么存在一个限制性($N+1$) 体问题，其中 $N$ 个物体在开普勒问题的解上一边保持它们的相对位置一边运动，它相似于中心构形，一个无穷小质量物体在 $N$ 个物体的万有引力作用下运动. 例如，有一个限制性四体问题，其中任意质量的三个物体在开普勒问题的双曲线轨道上运动，所以在每个瞬间它们都在等边三角形的顶点上，第四个无穷小质量物体是在其他三个物体的万有引力作用下运动，但不影响三个物体的运动. 据我所知，只有 Faintich[25] 的文献除了圆型或椭圆型限制性问题还考虑了双曲线型限制性三体问题.

辛标度法将用于给出这样的限制性问题的推导展示限制性问题与完整($N+1$) 体问题之间的精确的渐近关系. 这一推导回避了证明一个事实，就是在适度的非谐振假设下，椭圆型限制性($N+1$) 体问题的非退化周期解可以延拓到完整($N+1$) 体问题. 用于圆型限制性($N+1$) 体问题的类似的定理在第八章和 Meyer[48,49] 中得以证明.

## 12.1 阿波罗尼斯坐标

回忆一下开普勒问题及其解的某些基本公式. 假设 $\phi=(\phi_1,\phi_2)$ 是平面开普勒问题的任一解，$r$ 是 $\phi$ 的长度，$c$ 是其角动量，那么

$$\ddot{\phi}=-\frac{\phi}{\|\phi\|^3},r=\sqrt{\phi_1^2+\phi_2^2},c=\phi_1\dot{\phi}_2-\phi_2\dot{\phi}_1 \tag{12.1}$$

这里的独立变量是时间 $t$，且 $\cdot=d/dt$，$\cdot\cdot=d^2/dt^2$. 通过假设 $c\neq 0$ 消除共线解，然后标度时间使得 $c=1$. 选择距离和质量的单位使得其他所有常数均为 1. 在极坐标($r,\theta$) 中，方程变为

$$\ddot{r}-r\dot{\theta}^2=-1/r^2,\mathrm{d}(r^2\dot{\theta})/\mathrm{d}t=\mathrm{d}c/\mathrm{d}t=r\ddot{\theta}+2\dot{r}\dot{\theta}=0 \tag{12.2}$$

利用 $c=r^2\dot{\theta}=1$ 是运动常数这一事实，得到

$$\ddot{r}-1/r^3=-1/r^2 \tag{12.3}$$

通过设置 $u=1/r$，将时间 $t$ 变换为开普勒问题的真近点角 $\tau$，$\mathrm{d}t=\tau^2\mathrm{d}\tau$ 和 $'=\mathrm{d}/\mathrm{d}\tau$（见第3.7节）将方程(12.3) 简化为一个谐振子 $u''+u=1$. 那么其通解为

$$r=r(\tau)=1/(1+e\cos(\tau-\omega)) \tag{12.4}$$

式中 $e$ 和 $\omega$ 是积分常数，$e$ 是偏心率，$\omega$ 是近心点幅角. 当 $e=0$，轨道是一个圆，当 $0<e<1$，为椭圆，当 $e=1$ 为抛物线，当 $e>1$ 为双曲线. 假设近心点幅角为零没有坏处，所以此后 $\omega=0$

定义矩阵 $A$ 为

$$A = \begin{pmatrix} \phi_1 & -\phi_2 \\ \phi_2 & \phi_1 \end{pmatrix} \tag{12.5}$$

所以 $A^{-1} = (1/r^2)A^{\mathrm{T}}$ 和 $A^{-T} = (A^{\mathrm{T}})^{-1} = (1/r^2)A$，这里 $A^{\mathrm{T}}$ 代表 $A$ 的转置.

考虑固定直角坐标系($\mathbf{q},\mathbf{p}$) 中由哈密顿函数给出的平面 $N$ 体问题

$$H = H_N = \sum_{i=1}^{N} \frac{\|\mathbf{p}_i\|^2}{2m_i} - U(\mathbf{q}), U(\mathbf{q}) = \sum_{1 \leqslant i < j \leqslant N} \frac{m_i m_j}{\|\mathbf{q}_i - \mathbf{q}_j\|} \tag{12.6}$$

矢量 $\mathbf{q}_i, \mathbf{p}_i \in R^2$ 是质量为 $m_i > 0$ 的第 $i$ 个质点的位置和动量，这里 $i = 1, \cdots, N$. $U$ 是自势.

阿波罗尼斯坐标是如下由两个辛坐标变换定义的辛坐标. 首先，进行辛坐标变换

$$\mathbf{q}_i = AX_i, \mathbf{p}_i = A^{-T}Y_i = (1/r^2)AY_i, i = 1, \cdots, N \tag{12.7}$$

回想起如果 $H(z)$ 是哈密顿函数，$Z = T(t)u$ 是坐标的线性辛变换，那么哈密顿函数变为 $H(u) + (1/2)u^{\mathrm{T}}W(t)u$，这里 $W$ 是对称矩阵 $W = JT^{-1}\dot{T}$. 计算

$$W = \begin{pmatrix} 0 & I \\ -I & 0 \end{pmatrix} \begin{pmatrix} r^{-2}A^{\mathrm{T}} & 0 \\ 0 & A^{\mathrm{T}} \end{pmatrix} \begin{pmatrix} \dot{A} & 0 \\ 0 & (r^{-2}\dot{A} - 2r^{-3}\dot{r}A) \end{pmatrix} =$$

$$\begin{pmatrix} 0 & -r^{-2}(A^{\mathrm{T}}\dot{A})^{\mathrm{T}} \\ -r^{-2}A^{\mathrm{T}}\dot{A} & 0 \end{pmatrix} \tag{12.8}$$

记起 $W$ 是辛的，或利用 $A^{\mathrm{T}}A = r^2 I$ 以达到 1,2 位置，现在

$$-r^{-2}A^{\mathrm{T}}\dot{A} = r^{-2}\begin{pmatrix} -r\dot{r} & 1 \\ -1 & -r\dot{r} \end{pmatrix} \tag{12.9}$$

注意到 $\|AX\| = r\|X\|$，所以哈密顿函数变为

$$H = \frac{1}{r^2}\sum_{i=1}^{N} \frac{\|Y_i\|^2}{2m_i} - \frac{1}{r}U(X) - \frac{\dot{r}}{r}\sum_{i=1}^{N} X_i^{\mathrm{T}}Y_i - \frac{1}{r^2}\sum_{i=1}^{N} X_i^{\mathrm{T}}JY_i \tag{12.10}$$

通过 $\mathrm{d}t = r^2\mathrm{d}\tau$, $' = \mathrm{d}/\mathrm{d}\tau$, $H \to r^2 H$ 将独立变量 $t$ 变换为开普勒问题的真近点角 $\tau$，使得

$$H = \sum_{i=1}^{N} \frac{\|Y_i\|^2}{2m_i} - rU(X) - \frac{r'}{r}\sum_{i=1}^{N} X_i^{\mathrm{T}}Y_i - \sum_{i=1}^{N} X_i^{\mathrm{T}}JY_i \tag{12.11}$$

变量的第二个辛变换只是通过设置

$$X_i = Q_i, Y_i = P_i + \alpha_i Q_i \tag{12.12}$$

使角动量发生变化，这里 $\alpha_i = \alpha_i(\tau)$ 是要确定的. 这就定义了阿波罗尼斯坐标 $(Q_i, P_i)$, $i = 1, \cdots, N$. 为计算余项，考虑

$$R_i = \begin{pmatrix} 0 & I \\ -I & 0 \end{pmatrix} \begin{pmatrix} I & 0 \\ -\alpha_i I & I \end{pmatrix} \begin{pmatrix} 0 & 0 \\ \alpha'_i & 0 \end{pmatrix} = \begin{pmatrix} \alpha'_i & 0 \\ 0 & 0 \end{pmatrix} \tag{12.13}$$

因此余项是 $(1/2)\sum \alpha'_i(\tau) Q_i^{\mathrm{T}} Q_i$，哈密顿函数变为

$$H=\sum_{i=1}^{N}\frac{\|P_i\|^2}{2m_i}-rU(Q)+(\frac{\alpha_i}{m_i}-\frac{r'}{r})\sum_{i=1}^{N}Q_i^{\mathrm{T}}P_i-$$
$$\sum_{i=1}^{N}Q_i^{\mathrm{T}}JP_i+\sum_{i=1}^{N}(\frac{1}{2}\alpha'_i+\frac{1}{2}\frac{\alpha_i^2}{m_i}-\frac{r'}{r}\alpha_i)Q_i^{\mathrm{T}}Q_i \tag{12.14}$$

选择 $\alpha_i$ 使得(12.14) 中右端第三项成为零，也就是取 $\alpha_i=m_ir'/r$. 要计算(12.14) 中最后的加和中的 $Q_i^{\mathrm{T}}Q_i$ 的系数，注意到

$$(\frac{r'}{r})'-(\frac{r'}{r})^2=\frac{rr''-2r(r')^2}{r^2}=r\frac{\mathrm{d}}{\mathrm{d}r}(\frac{r'}{r^2})=r\frac{\mathrm{d}\dot{r}}{\mathrm{d}\tau}=r^3\ddot{r}=1-r \tag{12.15}$$

式中最后的数值来自公式(12.3). 因此阿波罗尼斯坐标中 $N$ 体问题的哈密顿函数是

$$H=\sum_{i=1}^{N}\frac{\|P_i\|^2}{2m_i}-rU(Q)-\sum_{i=1}^{N}Q_i^{\mathrm{T}}JP_i+\frac{(1-r)}{2}\sum_{i=1}^{N}m_iQ_i^{\mathrm{T}}Q_i \tag{12.16}$$

且运动方程为

$$Q'_i=\frac{P_i}{m_i}-JQ_i$$
$$P'_i=r\frac{\partial U}{\partial Q_i}-JP_i-(1-r)m_iQ_i \tag{12.17}$$

就坐标变换的复杂性而论，这些方程是特别简单的.

## 12.2 相对平衡态

$N$ 体问题的中心构形是关于其些标量入的非线性代数方程组

$$\frac{\partial U}{\partial Q_i}+\lambda m_iQ_i=0, i=1,\cdots,N \tag{12.18}$$

的解($Q_1,\cdots,Q_N$). 通过标度距离，$\lambda$ 可以取为1. 因此中心构形是 $N$ 个质点的几何构形，所以第 $i$ 个质点上的力正比于 $m_i$ 乘以距离. 这是中心构形的通常定义. 将相对平衡态定义为 $N$ 体问题在阿波罗尼斯坐标中的哈密顿函数的临界点. 这稍微不同于相对平衡态的通常定义.

**定理 12.2.1** 相对平衡态是中心构形

**证明** (12.16) 的临界点满足

$$\partial H/\partial Q_i=-r\partial U/\partial Q_i+JP_i+(1-r)m_iQ_i=0$$
$$\partial H/\partial P_i=P_i/m_i-JQ_i=0$$

由第二个方程，$P_i=m_iJQ_i$. 将它代入第一个方程得到

$$-r\partial U/\partial Q_i-m_iQ_i+(1-r)m_iQ_i=-r\{\partial U/\partial Q_i+m_iQ_i\}=0$$

由于 $r$ 是正的，这个方程是满足的，当且仅当 $\partial U/\partial Q_i+m_iQ_i=0$.

## 12.3　定义主要问题

考虑从0到$N$编号的质点的$(N+1)$体问题. 假设$H_{N+1}$和$U_{N+1}$是由阿波罗尼斯坐标表示的$(N+1)$体问题的哈密顿函数和自势. 同样考虑从1到$N$编号的质点的$N$体问题其$H_N$和$U_N$是由阿波罗尼斯坐标表示的$N$体问题的哈密顿函数和自势. 有

$$H_{N+1}=\sum_{i=0}^{N}\frac{\|P_i\|^2}{m_i}-rU_N(Q)-\sum_{i=0}^{N}Q_i^{\mathrm{T}}JP_i+\frac{(1-r)}{2}\sum_{i=0}^{N}m_iQ_i^{\mathrm{T}}Q_i=$$
$$\frac{\|P_0\|^2}{2m_0}-r\sum_{j=1}^{N}\frac{m_0m_j}{\|Q_0-Q_j\|}-Q_0^{\mathrm{T}}JP_0+\frac{(1-r)}{2}m_0Q_0^{\mathrm{T}}Q_0+H_N \tag{12.19}$$

假设通过设置$m_0=\varepsilon^2$使一个质量为小量,第0个物体被称作无穷小质量体,其他$N$个物体被称作主质点. 令$Z$是$N$体问题的坐标矢量,所以$Z=(Q_1,\cdots,Q_N,P_1,\cdots,P_N)$且令$Z^*=(a_1,\cdots,a_N,b_1,\cdots,b_N)$是$N$体问题的任一中心构形. 利用命题12.2.1,$\nabla H_N(Z^*)=0$. $H_N$的泰勒展开式为

$$H_N(Z)=H_N(Z^*)+\frac{1}{2}(Z-Z^*)^{\mathrm{T}}S(\tau)(Z-Z^*)+\cdots$$

式中$S(\tau)$是$H_N$在$Z^*$处海赛式. 略去常数项$H(Z^*)$. 坐标变换:

$$Q_0=\xi,P_0=\varepsilon^2\eta,Z-Z^*=\varepsilon V \tag{12.20}$$

这是乘子为$\varepsilon^{-2}$的辛变换. (12.19)中进行这一坐标变换得到

$$H_{N+1}=R+\frac{1}{2}V^{\mathrm{T}}S(\tau)V+O(\varepsilon) \tag{12.21}$$

式中$R$是由下式给出的圆锥曲线型(即,圆型、椭圆型等)限制性$(N+1)$体问题的哈密顿函数

$$R=\frac{1}{2}\|\eta\|^2-r\sum_{i=1}^{N}\frac{m_i}{\|\xi-a_i\|}-\xi^{\mathrm{T}}J\eta+\frac{(1-r)}{2}\xi^{\mathrm{T}}\xi \tag{12.22}$$

对第0阶,运动方程为

$$\xi'=\eta+J\xi$$
$$\eta'=-r\sum_{i=1}^{N}\frac{m_i(\xi-a_i)}{\|\xi-a_i\|^3}+J\eta-(1-r)\xi \tag{12.23}$$
$$V'=D(\tau)V,D(\tau)=JS(\tau) \tag{12.24}$$

(12.23)中的方程是限制性问题的方程,(12.24)中的方程是关于相对平衡态的线性化运动方程.

当 $e=0$ 方程(12.23) 和(12.24) 是与时间无关的,(12.22) 是圆型限制性 $N$ 体问题的哈密顿函数. 在此情况中,(12.23) 的周期解,如果其正好有两个为 $+1$ 的乘子,那它被称为非退化的. 当 $0<e<1$,方程(12.23) 和(12.24) 在 $\tau$ 中是 $2\pi$ - 周期的,(12.22) 是椭圆型限制性 $N$ 体问题的哈密顿函数. 在此情况中,(12.23) 中的 $2k\pi$ - 周期解,如果其所有的四个乘子均有别于 $+1$,那么它被称作非退化的.

在典型椭圆型限制性三体问题中主质点的质量是 $m_1=1-\mu>0$, $m_2=\mu>0$ 且它们位于 $a_1=(-\mu,0)$, $a_2=(1-\mu,0)$ 处. 参数 $\mu$ 被称作质量比参数. 因此典型椭圆型三体问题的哈密顿函数为

$$R=\frac{1}{2}\|\eta\|^2-r\left(\frac{1-\mu}{d_1}+\frac{\mu}{d_2}\right)-\xi^{\mathrm{T}}J\eta+\frac{(1-r)}{2}\xi^{\mathrm{T}}\xi \tag{12.25}$$

式中

$$d_1=\{(\xi_1+\mu)^2+\xi_2^2\}^{1/2}, d_2=\{(\xi_1-+\mu)^2+\xi_2^2\}^{1/2}$$
$$r=r(\tau)=1/(1+e\cos\tau), 0<e<1 \tag{12.26}$$

## 12.4 对称性和简化

此后,将只考虑椭圆型情况. 暂时考虑(12.6) 中原始直线坐标($\mathbf{q},\mathbf{p}$) 中的 $N$ 体问题. 这一哈密顿函数是平面的欧几里得运动群的辛扩张下的不变量. 这些运动将一个周期解延续到另一个周期解,所以这些周期解即使在 $H$ 为常值的能级上也不是孤立的. 第五章的定理声称由于这一对称性 $N$ 体问题的周期解的乘子为 $+1$ 的代数重度必须至少为8. 如果不消除这些退化,标准扰动分析方法将会失效,所以要重新下降到约化空间. 现在转回到阿波罗尼斯坐标中的 $N$ 体问题的哈密顿函数.

在阿波罗尼斯坐标中,假设 $C$ 是质心,$L$ 是总线动量,$O$ 是总角动量,即

$$C=\sum_1^N m_iQ_i, L=\sum_1^N P_i, O=\sum_1^N Q_i^{\mathrm{T}}JP_i \tag{12.27}$$

由方程(12.17),得出

$$C'=-JC+L, L'=-(1-r)C-JL, O'=0 \tag{12.28}$$

由这些方程可见 $C$ 和 $L$ 满足时变线性齐次哈密顿方程组,所以设 $C=L=0$ 是不变量. 由最后的方程,角动量 $O$ 是一个积分. 阿波罗尼斯坐标中的 $N$ 体问题的哈密顿函数,即方程(12.16) 在旋转下依然是不变量,所以在这些坐标中同样可以进行简化. 也就是说,通过设置 $C=L=0$, $O$ 等于非零常数和通过($\mathbf{q},\mathbf{p}$) ~ ($\mathbf{q}^+,\mathbf{p}^+$) 来辨识点来完成简化,这里 $\mathbf{q}_i=A\mathbf{q}_i^+$, $\mathbf{p}_i=A\mathbf{p}_i^+$, $A\in SO_2$ 是旋转矩阵.

假设$(u,v)$是$\mathbf{R}^2 \times \mathbf{R}^2$中的直角坐标. 如果哈密顿函数$K=(1/2)v^{\mathrm{T}}v$用阿波罗尼斯坐标$(C,L)$表示，那么$K$变为$K(C,L)=(1/2)L^{\mathrm{T}}L-C^{\mathrm{T}}JL+((1-r)/2)C^{\mathrm{T}}C$,它是(12.28)中前两个方程的哈密顿函数. 因此(12.28)中的前两个方程正是用阿波罗尼斯坐标表示的方程$\dot{u}=v,\dot{v}=0$,所以这一系统的特征乘子都为+1. 因此设置$C=L=0$使乘子+1的重度又减少4,保持$O$固定并进到商空间使乘子+1的重度又减少2,减少到与第八章或Meyer[48]中给出的自变量相同. 所以进到约化空间使乘子+1的重度减少了6.

相对平衡态变为约化空间上哈密顿函数的平衡态. 相对平衡态的非平凡乘子由以下方式定义：首先考虑约化空间上关于相对平衡态的线性变分方程——它是一个线性的$4N-6$维$2\pi$-周期系统. 通常,乘子+1的重度将为2. 剩余的$4N-8$个乘子将被称为相对平衡态的不平凡乘子.

$(N+1)$体问题的解如果其在约化空间上的投影是以$T$为周期的,那么它将被称为周期为$T$的简化周期解. $(N+1)$体问题的简化周期解如果其在约化空间上的投影是重度为2的乘子+1的周期解,那么它被称为非退化的.

## 12.5 周期解的延拓

椭圆型三体问题中的周期解有许多理论和数值研究. 见Broucke[14,15], Moulton[58], Schubart[75,76], Sergysels - Lamy[78], Shelus[79], Szebehely和Giacaglia[87],及他们的参考文献. 考虑取决于参数$\varepsilon$的$2\pi$周期方程组$\xi'=f(\tau,\xi,\varepsilon)$并令当$\varepsilon=0$,$\mathscr{X}(\tau)$是$2k\pi$-同期解. 如果存在一个对于小参数$\varepsilon$定义的光滑单参数$2k\pi$-周期解族$\mathscr{X}^{\mathrm{T}}(\tau,\varepsilon)$使得$\mathscr{X}^{*}(\tau,0)=\mathscr{X}(\tau)$那么解$\mathscr{X}(\tau)$可以延拓.

**定理12.5.1** 假设$(\phi(\tau),\psi(\tau))$是带有哈密顿函数(12.22)的(12.23)中的平面椭圆限制性$(N+1)$体问题的一个非退化$2k\pi$周期解. 假设相对平衡态的不平凡乘子不是1的$k$次根. 那么(12.23)(12.24)的$2k\pi$周期解$\xi=\phi(\tau),\eta=\psi(\tau),V=0$可以作为$m_0=\varepsilon^2$的小量值的非退化周期解延拓到完整的$(N+1)$体问题.

**证明** 利用12.3节中的符号考虑$(N+1)$体问题. 令$V=(u_1,\cdots,u_N,v_1,\cdots,v_N)$使得$\mathbf{q}_i=a_1-\varepsilon u_i,\mathbf{p}_i=b_i-\varepsilon v_i=-m_iJa_i-\varepsilon v_i$. 由于相对平衡态的质心固定在原点,有$\sum_1^N m_ia_i=0$和

$$C=\varepsilon^2\xi+\varepsilon\{m_1u+\cdots+m_Nu_N\}$$
$$L=\varepsilon^2\eta+\varepsilon\{v_1+\cdots+u_N\}$$

$$A = \varepsilon^2 \xi^{\mathrm{T}} J \eta + \sum_1^N (i - \varepsilon_i^{\mathrm{T}} J(b_i - \varepsilon v_i)$$

由这些公式得出约化空间光滑依赖于参数 $\varepsilon$，且约化空间上的哈密顿函数在 $\varepsilon$ 内也是光滑的.

记得 $(N+1)$ 体问题是与时间无关的，如果特征值 $+1$ 的重度为 2，周期解可以延拓.（这是应用于一个能量面内庞加莱映射的隐函数定理的一个简单推论，见第六章.）根据以上假设，当 $\varepsilon = 0$ 时，$2k\pi$ – 周期解 $\xi = \phi(\tau)$，$\eta = \psi(\tau)$，$V = 0$ 在约化空间上有重度为 2 的乘子 $+1$.

**推论 12.5.1** 假设 $(\phi(\tau), \psi(\tau))$ 是带有哈密顿函数(12,25)的典型椭圆型限制性三体问题的非退化 $2k\pi$ 周期解.(12.23)，(12.24)的 $2k\pi$ – 周期解 $\xi = \phi(\tau)$，$\eta = \psi(\tau)$，$V = 0$ 可以作为 $m_0 = \varepsilon^2$ 的小量值的一个非退化简化周期解延拓到完整三体问题.

**证明** 二体问题的维数为 8，其约化空间是二维的. 因此，不存在相对平衡态的不平凡乘子，且也不存在对它们的约束.

# 12.6 问题

1. 考虑空间问题

- 对于空间问题阿波罗尼斯坐标的推广是什么？（提示：回想 $\mathbf{R}^3$ 中的旋转坐标.）
- 说明定理 12.5.1 和推论 12.5.1 可以推广到空间问题.

2. 说明结合本章和第十一章的想法定义椭圆型希尔月球方程是可能的. 可以说明椭圆型希尔月球方程的一个非退化 $2k\pi$ – 周期的周期解可以作为一个非退化周期解延拓到完整三体问题. 见[52]

3. 说明具有哈密顿函数(12.25)的典型椭圆型限制性三体问题的一个非退化对称 $2k\pi$ – 周期的解可以作为 $m_0$ 的小量值的非退化对称周期解延拓到完整三体问题. 见[52].

# 参考文献

[1] ABRAHAM R, MARSDEN J. Foundations of Mechanics. London: Benjamin-Cummings, 1978.

[2] ANGEL J, SIMÓ C. Effective stability for periodically perturbed Hamiltonian systems. NATO Adv. Sci. Inst. Ser. B, Phys. 331, Plenum, NY, 1994, 243-253.

[3] Apollonius of Perga, On Conic Sections, (Trans. R. Catesby Taliaferro), University of Chicago Press, Chicago, c. 200 B. C.

[4] ARENSTORF R F. A new method of perturbation theory and its application to the satellite problem of celestial mechanics, J. Reine Angew. Math. 221, 1996, 113-145.

[5] New periodic solutions of the plane three-body problem corresponding to elliptic motion in the lunar theory, J. Diff. Eqs 4, 1968, 202-256.

[6] Periodic solution of circular-elliptic type in the planar n-body problem, Celest. Mech. 17, 1978, 331-355.

[7] ARNOLD V I. Mathematical Methods of Classical Mechanics. New York: Springer-Verlag, 1978.

[8] ARNOLD V I, KOZLOV V V, NEISHTADT A I. Encyclopaedia of Mathematical Sciences, Volume 3, Dynamical Systems Ⅲ, (Trans. A. Iacob), Springer-Verlag, New York, 1987.

[9] ARROWSMITH D K, PLACE C M. Ordinary Differential Equations London: Chapman and Hall, 1982.

[10] BARRAR R B. Existence of periodic orbits of the second kind in the restricted problem of three bodies. Astronom. 1965, 70(1): 3-4

[11] BELBRUNO E A. A new family of periodic orbits for the restricted problem. Celestial Mech., 1981, 25: 397-415.

[12] BIRKHOFF G D. Dynamical Systems, Amer. Math. Soc., New York, 1927.

[13] The restricted problem of three-bodies, Rend. Circolo. Mat. Palermo, 1915, 39: 255-334.

[14] BROUCKE R. Periodic collision orbits in the elliptic restricted three-body

problem, Celest. Mech. 1971, 3(4): 461-477.

[15] Stability of periodic orbits in the elliptic, restricted three-body problem, AiAA Journal 1969, 7(6): 1003-1009.

[16] BRUNO A. Local Methods in Nonlinear Differential Equations. New York: Springer-Verlag, 1979.

[17] The Restricted 3-Body Problem. Berlin: Walter de Gruyer, 1994.

[18] CODDINGTON E A, LEVINSON N. Theory of Ordinary Differential Equations. New York: McGraw-Hill, 1955.

[19] CONLEY C. On some new long periodic solutions of the plane restricted three body problem. Comm. Pure Appl. Math. XVI, 1963: 449-467.

[20] CONLEY C C, ZEHNDER E, The Birkhoff-Lewis fixed point theorem and a conjecture of V. I. Arnold, Invent. Math. 1984(73): 33-49.

[21] CRANDALL M G. Two families of periodic solutions of the plane four-body problem. Amer. Math. 1967(16): 275-318.

[22] DANBY J M A. Fundamentals of Celestial Mechanics. New York: MacMillan Co., 1962.

[23] EASTON R W. Some topology of n-body problem, J. Diff. Eqs. 1975(19): 258-269.

[24] Some topology of the three-body problem, J. Diff. Eqs. 1971(10): , 371-377.

[25] FAINTICH M. Applications of the restricted hyperbolic three-body problem to a star-sun-comet system. Celest. Mech. 1972, 6(1): 22-26.

[26] FONG U, MEYER K R. Algebras of integrals. Revista Colombiana Math. IX, 75-90.

[27] FRANKS J. Recurrence and fixed point in surface homeomorphisms, Erg. Theory Dyn. Sys. 1988, 8: 99-108.

[28] GÓMEZ G, LLIBRE J. A note on a conjecture of Poincaré, Celest. Mech., 1981, 24(4): 335-343.

[29] GUTZWILLER M C, SCHMIDT D S. The motion of the moon as computed by the method of Hill, Brown, and Eckert, Astronomical Papers—Americal Ephemeris and Nautical Almanac, XXIII, U. S. Gov. Washington, DC, Printing Office, 1986.

[30] HADJIDEMETIOUS J D. The continuation of periodic orbits from the restricted to the general three-body problem, Celest. Mech. 1975, 12: 155-174.

[31] HALE J K. Ordinary Differential Equations. New York: Wiley-Interscience, 1969.

[32] HARTMAN P. Ordinary Differential Equations. New York: Wiley, 1964.
[33] HENRARD J. Lyapunov's center theorem for resonant equilibrium. Diff. Eqs 1973, 14: 431-441.
[34] HILL G W, Researches in the lunar theory, Amer. of Math. 1878, 1 : 5-26, 129, 147, 245-260.
[35] HIRCH M. Differential Topology. New York: Springer-Verlag, 1976.
[36] JACOBI C G J. Vorlesungen über Dynamik. Berlin: Velag G. Reimer, 1884.
[37] Keynes Mss 130. 6, Book 3; 130. 5, Sheet 3— Newton Ms, in the Keynes collection in the library of king's College, Cambridge, UK.
[38] LAGRANGE J L. Recueil des pièces qui ont remporté les prix de l'Académie de Paris, IX, 1772.
[39] LASALLE J P, LEFSCHETZ S. Stability by Liapunov's Direct Method with Applications. New York: Academic Press, 1961.
[40] LAUB A, MEYER K R. Canonical forms for symplectic and Hamiltonian matrices, Celest. Mech. 1974, 9: 312-238.
[41] LEVINE H I. Singularities of differentiable mappings, Proceedings of Liverpool on Singularities-Symposium I (C. T. C. Wall, Ed.), Lecture Notes in Mathematics No. 192, Springer-Verlag, Berlin/New York, 1971.
[42] LLIBRA, SAARI D. Periodic orbits for the planar Newtonian three-body problem coming from the elliptic restricted three-body proble, Trans. Amer. Math. Soc. 347, 1995: 3017-3033.
[43] LYAPUNOVA. Probleme gńéral de la stabilité du mouvement, Ann. Math. Studies, 17, Princeton Univ. Press. Princeton NJ, 1947. (Reproduction of 1892 monograph)
[44] MARSDEN J, WEINSTEIN A. Reduction of symplectic manifolds with symmetries, Rep. Math. Phy. 1974, 5: 121-130.
[45] MEYER K R. Comet like periodic orbits in the N-body problem. Journal of Computational and Applied Mathematics, 1994, 52: 337-51.
[46] Generic bifurcation of periodic points, Trans. Amer. Math. Soc., 149, 95-107.
[47] Periodic orbits near infinity in the restricted N-body problem, Celest. Mech. 1981, 23: 69-81.
[48] Periodic solutions of the N-body problem, J. Diff. Eqs. 1981, 39(1): 2-38.
[49] Scaling Hamiltomian systems, SIAM J. of Math. Anal. 1984, 15(5): 877-89.
[50] Symmetries and integrals in mechanics, Dynamical Systems (Ed. M. Peixoto), Academic Press, New York, 1973: 259-72.

[51] MEYER K R, HALL G R. An Introduction to Hamiltonian Dynamical Systems. New York: Springer-Verlag, 1991.

[52] MEYER K R, SCHMIDT D S. Hill's lunar equations and the three-body problem. Diff. Eqs. 1922, 44(2): 263-72.

[53] Periodic orbits near $L_4$ for mass ratios near the critical mass ratio of Routh, Celest. Mech. 1971, 4: 99-109.

[54] form the restricted to the full three-body problem, preprint.

[55] MOSER J K. Regularization of Kepler's problem and the averaging method on a manifolds, Comm. Pure Appl. Math., 1970, 23: 609-635.

[56] MOULTON F R. A class of periodic orbits of superior planets. Trans. Amer. Math. Soc. 1912, 13: 96-100.

[57] A class of periodic solutions of the problem of three bodies with applications to lunar theory. Trans. Amer. Math. Soc. 1906, 7: 537-577.

[58] Periodic Orbits, Carnegie Inst. of Washington, Washington, DC, 1920.

[59] The straight line solutions of the problem of N bodies, Ann. of Math. 1910, 2 (12): 1-17.

[60] NECHVILE V. Sur une forme nouvelle des équations différentielles du problème restreint élliptique, Compt. Rend. 182, 1926, 310-11.

[61] NOETHER E. Invariante ariationsprobleme, Nachr. König. Gesell. Wissen. Göttingen, Math. Phys. Kl., 1918, 235-257. (English Trans. Transport Theory and Stat. Phy., 1971, 186-207.

[62] PACELLA F. Central configurations for the N-body problem via equivariant Morse theory, Arch. Rat. Mech. 1987, 97: 59-74.

[63] PALMORE J. Measure of degenerate relative equilibria. I, Ann. of Math. 1976, 104: 421-429.

[64] Minimally classifying relative equilibria, Letters in Math. Phys. I, 1977: 395-399.

[65] PERRON O. Neue periodische Lösungen des ebenen Drei und Mehrkörperproblem. Math. Z. 1937, 42: 593-624.

[66] POINCAÉ. Les méthodes nouvelles de la mécanique céleste. Paris: Gauthier-Villars, 1892.

[67] POLARD H. Mathematical Introduction to Celestial Mechanics. Englewood NJ: Prentice-Hall, 1966.

[68] PUGH C, ROBINSON C. The $C^1$ closing lemma, including Hamiltonians. Erg. Th. Dyn. Sys., 1977, 3: 261-313.

[69] RABINOWITZ P H. The prescribed energy problem for periodic solutions of Hamiltonian systems, Hamiltonian Dynamical Systems, (Ed K. Meyer and D. Saari), Amer. Math. Soc., Providence, RI, 1988, 183-192.

[70] SAARI D. On the role and properties of n body central configurations, Celest. Mech. 1980, 21: 9-20.

[71] SAARI D, XIA J. Off to infinite in finite time, Notices of Amer. Math. Soc., 1995, 42(5): 538-546.

[72] SÁNCHEZ D A. Ordinary Differential Equations and Stability Theory. New York: W. H. Freeman, 1968.

[73] SCHEIBNER W. Satz aus der Störungstheorie, Crelle J. Reine Angew. Math. 1866, 65: 291-97.

[74] SCHMIDT D S. Periodic solutions near a resonant equilibrium of a Hamiltonian system, Celest. Mech., 9, 1974, 91-103.

[75] SCHUBART J. Librations in the elliptic restricted problem of three bodies, Mathematische Methoden der Himmelsmechanik und Astronautik, (Ed. E. Stiefel), 1966, 21-31.

[76] Numerische Aufsuchung Periodischer Lösungen im Dreikörperproblem, Astron. Nachr. 283, 1956, 17-22.

[77] Zur Regularisierung des Zweierstosses in Dreikörperproblem, Astron. Nachr. 282, 1956, 262-264.

[78] A. Sergysels-Lamy, Existence of periodic orbits of the second kind in the elliptic restricted problem of three bodies, Celest. Mech. 1975, 11(1): 43-51.

[79] SHELUS P. A two-parameter survey of periodic orbits in the restricted problem of three bodies, Celest. Mech. 1972, 5(4): 487-489.

[80] SIEGEL C L. Über eine periodische Loesung im Dreikoerperproblem, Math. Nachr. 4, 1951, 28-35.

[81] SIEGEL C L, MOSER J K. Lectures on Celestial Mechanics, Springer-Verlag, New York, 1971.

[82] SMALE S. Topology and mechanics, Invent. Math. 1970, 10: 305-331.

[83] Topology and Mechanics. II. The planar n-body problem, Invent. Math. 1970, 11: 45-64.

[84] SOLER J. Analytic continuation of circular Kepler motion to the general three-dimensional three-body problem, Advanced Series in nonlinear Dynamics 8, (Ed. E. A. Lacomba and J. Llibre), World Scientific. 1996: 343-356.

[85] SPIRIG F, WALDVOGEL J. The three-body problem with two small masses: a

singular-perturbation approach to the problem of Saturn's coorbiting satellites, Stability of the Solar System and its Minor Natural and Artificial Bodies (Ed. V. Szebehely), Reidel, 1985.

[86] SZEBEHELY V. Theory of Orbits. New York: Academic Press, 1967.

[87] SZEBEHELY V, GIACAGLIA G. On the elliptic restricted problem of three bodies, Astron. 1964, 69: 230-235.

[88] WALDVOGEL J. Collision singularities in gravational problems, Recent Advances in Dynamical Astronomy (Eds. Tapley and Szebehely), Reidel, 1973.

[89] WEINSTEIN A. Symplectic manifolds and their Lagrangian submanifolds, Advances in Math. 1971, 6(3): 329-346.

[90] Normal modes for nonlinear Hamiltonian systems, Invent. Math., 1973, 20: 47-57.

[91] WINTNER A. Analytical Foundations of Celestial Mechanics, Princeton Univ. Press, Princeton, N. J., 1941.

[92] WHITTAKER E T. A Treatise on the Analytical Dynamics of Particles and Rigid Bodies, London/New York: Cambridge Univ. Press, 1970.

◎

# 编辑手记

三体问题(three-body problem)是指用牛顿力学研究三个物体(天体)以万有引力相互作用时的运动轨道.虽然对两个物体可以求出严密的数学解,但是对三个以上的物体却做不到这一点.太阳系里天体(彗星,卫星)的运动是多体问题,从牛顿以来就是天体力学的难题.特别是受太阳和地球作用的月球运动,历来是重要的三体问题.当三体位于正三角形的各个顶点,或者三体在一条直线上时,才有严格的解.小行星受太阳和木星引力作用但不影响太阳和木星轨道,称为有限三体问题,得到了许多周期性特殊解.一般来讲,当一个天体具有压倒优势的质量时,可以采用摄动的方法来解.([日]伊东俊太郎,坂木贤三,山田庆儿,村上阳一郎,编.樊洪业等编译.《科学技术史词典》,光明日报出版社.北京:1986年P606~607)

三体问题是牛顿,拉格朗日,拉普拉斯时代的头号科学问题,后经庞加莱,伯克霍夫,西格尔等大家的工作使之变成一个经典的数学问题,被数学人所津津乐道.

2010年11月,中国科学院数学院数学研究所副所长尚在久教授为中科院华罗庚班同学作了题为《太阳系是稳定的吗》的报告.他从牛顿运动方程谈起,简要介绍经典动力系统理论的几个基本问题及其发展历史.通过太阳系稳定性的问题.尚在久教授结合数学史,由浅入深,挖掘现象背后的本质来引发大家的思考.激起同学们的强烈兴趣.

有趣的是近年来越来越多的普通人知晓了"三体"这个词.2010年11月第334期《新周刊》登了一篇文章叫《中国的科幻小说作家养成指南——科幻有风险,入市须谨慎》.在文章的开关就写道:

一个奇怪的单词闯入了我们的生活——"三体".很多人都在讨论"三体",如痴如醉;也有很多人在问:"三体"到底是什么?

这就是中国科幻文学的现状.科幻文学的作者和拥趸越来越多,但他们依然在一个和现实平行的架空世界里,他们有激情,有能量,但他们超出了多数读者的目力所及,他们的数量已经足够大众,但市场还不够大众.

科幻小说《三体》是已经火了很多年的作品,今天即将出版《三体3》.这三本史诗性的科幻小说被很多科幻迷称为中国最好的科幻小说,作者刘慈欣也被称为"中国最好的科幻小说家,没有之一".

刘慈欣,江湖人称"Big Liu",山西电力系统的一个工程师,"60后",笔者辗转买到了全套的"三体"(Ⅰ)、(Ⅱ)、(Ⅲ)却发现与我们数学人所说的三体问题并不一样.倒是有人将它归于数学物理范畴.

瑞士苏黎世联邦理工大学,拉齐斯奖获得者于尔格·弗勒利克(Jürg Fröhlich)说"数学物理是一种非常有用的努力,当发现新的'自然规律'的过程停滞不前的时候,我们可以花费一些时间去巩固前辈们所发现的东西,并且研究在那些已经存在的概念框架和理论内的新'表象'.这样的尝试更是本身所固有的,而不是数学的,例子就是哈密尔顿和庞加莱时代的天体力学".三体问题的备受关注庞加莱功不可没.科学史家说:似乎只有庞加莱这种具有高贵出身的数学家才能得出如此优美的理论.出身与学术趣味的关系在其他学科也出现过.例如美国曾经有一度出现职业历史学家出身于较低的社会阶层的现象,这一事实引起了当时一些人的注意,并感到忧虑.美国历史学会秘书约翰·斯宾塞·巴塞特(John Spencer Bassett)说:"美学意识是一种并非可以轻易获得的东西".

在纽约1926年出版的《历史写作的现状》(The Present State of History-Writing)一书中详细分析了原因:

人们要得到它必须通过继承或在提升品位和思想和谐的东西中接受长期的训练.在更多的情况下,只有在出生于上层社会阶级的家庭并长期受到熏陶的人身上才能发现这种东西,而在习惯用比较简单的方法思考世界的那种阶级的人身上这样的东西较少.过去的著名历史学家大多数属于前一种阶级.今天从事历史研究的人却来自不同的社会阶级……

他们当中有些人虽然起初缺乏品位,但事实证明他们能以异乎寻常的方式获得这种品质,有的人甚至一辈子也无望达到这样的境界……更不用说他们比较容易养成迟钝而枯燥的收集资料的习惯.缺乏形式上的风雅和表达上的魅力.

笔者主持的数学工作室一直有一个夙愿那就是做一部规模庞大的关于三体问题的历史和现状的书,效仿拉普拉斯,西格尔动辄洋洋五大卷的大家风范.但推出之前总要做一点小小的试探.于是便力邀哈工大航天学院的杨亚非副教授翻译了这本小书.在笔者心目中会有这样三类读者.

1936年5月15日,卢瑟福给当时滞留苏联终日苦闷的卡皮查写信开导说:

赶快做些研究,即便不是划时代的,也会使你感到愉快.工作越艰苦,就越没有时间顾及其他烦恼了.你知道,狗身上有适当数量的跳蚤是有好处的,我希望你不要过分在意它们.

中国中青年知识分子烦心事不少,且不说压在头上的房价、医疗、教育三座大山,光是天天写可行性报告,申请科研基金,发SCI文章.就够忙活一阵了,所以需要一个相对超脱的事逃避一下,这就是我们期望的第一类读者.真正想读点书,思考点问题的研究者,如有可能再从中写点小文章,交交差.

第二类读者是像笔者一样具有藏书癖的社会边缘人士.

董桥说:"中外古今藏书家好像都有点怪癖.藏书家不看书据说也是常情.见人家家里藏书千卷还要问人家是不是把这些书全看完了,此人必是庸人."法国作家Anatole France碰过这种人问他这种话.他回答说:"看过的十分之一都不到.我想阁下也绝不会天天都拿出府上名贵的Serres瓷器来用吧?"

当今社会是个收藏的社会,无所不藏,虽收藏数学书的人不多.但总有一小撮,像笔者的编辑朋友叶中豪、田廷彦之流都是其中一员,不过近闻中豪兄已从上海教育出版社离职.这对于爱好数学书的藏家来说是一个势微的信号.

第三类"读者"我们希望是那些先富起来又想附庸风雅的"成功人士".因为书价挺高穷人买不起.那位因做口香糖而发家致富的William Wrigley在自家房间装修时吩咐秘书说:"好好量一量那些书架有多高多宽,再照尺码去买书来塞满它;红的和绿的书更要多摆,还要烫金字的封面!"

最后感谢中华版板代理中心杨冰皓女士在版权引进方面所及与的帮助.

**刘培杰**

**2011年3月31日于哈工大**

# 哈尔滨工业大学出版社刘培杰数学工作室已出版(即将出版)图书目录

| 书　　名 | 出版时间 | 定　价 | 编号 |
|---|---|---|---|
| 新编中学数学解题方法全书(高中版)上卷 | 2007-09 | 38.00 | 7 |
| 新编中学数学解题方法全书(高中版)中卷 | 2007-09 | 48.00 | 8 |
| 新编中学数学解题方法全书(高中版)下卷(一) | 2007-09 | 42.00 | 17 |
| 新编中学数学解题方法全书(高中版)下卷(二) | 2007-09 | 38.00 | 18 |
| 新编中学数学解题方法全书(高中版)下卷(三) | 2010-06 | 58.00 | 73 |
| 新编中学数学解题方法全书(初中版)上卷 | 2008-01 | 28.00 | 29 |
| 新编中学数学解题方法全书(初中版)中卷 | 2010-07 | 38.00 | 75 |
| 新编平面解析几何解题方法全书(专题讲座卷) | 2010-01 | 18.00 | 61 |
| 数学眼光透视 | 2008-01 | 38.00 | 24 |
| 数学思想领悟 | 2008-01 | 38.00 | 25 |
| 数学应用展观 | 2008-01 | 38.00 | 26 |
| 数学建模导引 | 2008-01 | 28.00 | 23 |
| 数学方法溯源 | 2008-01 | 38.00 | 27 |
| 数学史话览胜 | 2008-01 | 28.00 | 28 |
| 从毕达哥拉斯到怀尔斯 | 2007-10 | 48.00 | 9 |
| 从迪利克雷到维斯卡尔迪 | 2008-01 | 48.00 | 21 |
| 从哥德巴赫到陈景润 | 2008-05 | 98.00 | 35 |
| 从庞加莱到佩雷尔曼 | 即将出版 | 98.00 | |
| 数学解题中的物理方法 | 2011-03 | 28.00 | 114 |
| 数学解题的特殊方法 | 即将出版 | 38.00 | 115 |
| 中学数学计算技巧 | 即将出版 | 38.00 | 116 |
| 中学数学证明方法 | 即将出版 | 48.00 | 117 |
| 历届 IMO 试题集(1959—2005) | 2006-05 | 58.00 | 5 |
| 历届 CMO 试题集 | 2008-09 | 28.00 | 40 |
| 全国大学生数学夏令营数学竞赛试题及解答 | 2007-03 | 28.00 | 15 |
| 历届美国大学生数学竞赛试题集 | 2009-03 | 88.00 | 43 |
| 历届俄罗斯大学生数学竞赛试题及解答 | 即将出版 | 68.00 | |

# 哈尔滨工业大学出版社刘培杰数学工作室已出版(即将出版)图书目录

| 书　　名 | 出版时间 | 定　价 | 编号 |
|---|---|---|---|
| 数学奥林匹克与数学文化(第一辑) | 2006－05 | 48.00 | 4 |
| 数学奥林匹克与数学文化(第二辑)(竞赛卷) | 2008－01 | 48.00 | 19 |
| 数学奥林匹克与数学文化(第二辑)(文化卷) | 2008－07 | 58.00 | 36 |
| 数学奥林匹克与数学文化(第三辑)(竞赛卷) | 2010－01 | 48.00 | 59 |
| 数学奥林匹克与数学文化(第四辑)(竞赛卷) | 2011－03 | 48.00 | 87 |
| 发展空间想象力 | 2010－01 | 38.00 | 57 |
| 走向国际数学奥林匹克的平面几何试题诠释(上、下)(第2版) | 2010－02 | 98.00 | 63,64 |
| 平面几何证明方法全书 | 2007－08 | 35.00 | 1 |
| 平面几何证明方法全书习题解答(第2版) | 2006－12 | 18.00 | 10 |
| 最新世界各国数学奥林匹克中的平面几何试题 | 2007－09 | 38.00 | 14 |
| 数学竞赛平面几何典型题及新颖解 | 2010－07 | 48.00 | 74 |
| 初等数学复习及研究(平面几何) | 2008－09 | 58.00 | 38 |
| 初等数学复习及研究(立体几何) | 2010－06 | 38.00 | 71 |
| 初等数学复习及研究(平面几何)习题解答 | 2009－01 | 48.00 | 42 |
| 世界著名平面几何经典著作钩沉——几何作图专题卷(上) | 2009－06 | 48.00 | 49 |
| 世界著名平面几何经典著作钩沉——几何作图专题卷(下) | 2011－01 | 88.00 | 80 |
| 世界著名平面几何经典著作钩沉(民国平面几何老课本) | 2011－03 | 38.00 | 113 |
| 世界著名数学经典著作钩沉——立体几何卷 | 2011－02 | 28.00 | 88 |
| 世界著名三角学经典著作钩沉(平面三角卷Ⅰ) | 2010－06 | 28.00 | 69 |
| 世界著名三角学经典著作钩沉(平面三角卷Ⅱ) | 2011－01 | 28.00 | 78 |
| 几何学教程(平面几何卷) | 2011－03 | 68.00 | 90 |
| 几何变换与几何证题 | 2010－06 | 88.00 | 70 |
| 几何瑰宝——平面几何500名题暨1000条定理(上、下) | 2010－07 | 138.00 | 76,77 |
| 三角形的五心 | 2009－06 | 28.00 | 51 |
| 俄罗斯平面几何问题集 | 2009－08 | 88.00 | 55 |
| 俄罗斯平面几何5000题 | 2011－03 | 48.00 | 89 |
| 500个最新世界著名数学智力趣题 | 2008－06 | 48.00 | 3 |
| 400个最新世界著名数学最值问题 | 2008－09 | 48.00 | 36 |
| 500个世界著名数学征解问题 | 2009－06 | 48.00 | 52 |
| 400个中国最佳初等数学征解老问题 | 2010－01 | 48.00 | 60 |
| 500个俄罗斯数学经典老题 | 2011－01 | 28.00 | 81 |

# 哈尔滨工业大学出版社刘培杰数学工作室已出版(即将出版)图书目录

| 书　名 | 出版时间 | 定　价 | 编号 |
| --- | --- | --- | --- |
| 超越吉米多维奇——数列的极限 | 2009－11 | 48.00 | 58 |
| 初等数论难题集(第一卷) | 2009－05 | 68.00 | 44 |
| 初等数论难题集(第二卷)(上、下) | 2011－02 | 128.00 | 82,83 |
| 谈谈素数 | 2011－03 | 18.00 | 91 |
| 平方和 | 2011－03 | 18.00 | 92 |
| 数论概貌 | 2011－03 | 18.00 | 93 |
| 代数数论 | 2011－03 | 48.00 | 94 |
| 初等数论的知识与问题 | 2011－02 | 28.00 | 95 |
| 超越数论基础 | 2011－03 | 28.00 | 96 |
| 数论初等教程 | 2011－03 | 28.00 | 97 |
| 数论基础 | 2011－03 | 18.00 | 98 |
| 数论入门 | 2011－03 | 38.00 | 99 |
| 解析数论引论 | 2011－03 | 48.00 | 100 |
| 基础数论 | 2011－03 | 28.00 | 101 |
| 超越数 | 2011－03 | 18.00 | 109 |
| 三角和方法 | 2011－03 | 18.00 | 112 |

| | | | |
| --- | --- | --- | --- |
| 俄罗斯函数问题集 | 2011－03 | 38.00 | 103 |
| 俄罗斯组合分析问题集 | 2011－01 | 48.00 | 79 |
| 博弈论精粹 | 2008－03 | 58.00 | 30 |
| 多项式和无理数 | 2008－01 | 68.00 | 22 |
| 模糊数据统计学 | 2008－03 | 48.00 | 31 |
| 解析不等式新论 | 2009－06 | 68.00 | 48 |
| 建立不等式的方法 | 2011－03 | 98.00 | 104 |
| 数学奥林匹克不等式研究 | 2009－08 | 68.00 | 56 |
| 初等数学研究(Ⅰ) | 2008－09 | 68.00 | 37 |
| 初等数学研究(Ⅱ)(上、下) | 2009－05 | 118.00 | 46,47 |
| 中国初等数学研究　2009 卷(第 1 辑) | 2009－05 | 20.00 | 45 |
| 中国初等数学研究　2010 卷(第 2 辑) | 2010－05 | 30.00 | 68 |
| 数学奥林匹克超级题库(初中卷上) | 2010－01 | 58.00 | 66 |

# 哈尔滨工业大学出版社刘培杰数学工作室
# 已出版(即将出版)图书目录

| 书　　名 | 出版时间 | 定　价 | 编号 |
|---|---|---|---|
| 中等数学英语阅读文选 | 2006－12 | 38.00 | 13 |
| 统计学专业英语 | 2007－03 | 28.00 | 16 |
| 数学 我爱你 | 2008－01 | 28.00 | 20 |
| 精神的圣徒　别样的人生——60 位中国数学家成长的历程 | 2008－09 | 48.00 | 39 |
| 数学史概论 | 2009－06 | 78.00 | 50 |
| 斐波那契数列 | 2010－02 | 28.00 | 65 |
| 数学拼盘和斐波那契魔方 | 2010－07 | 38.00 | 72 |
| 数学的创造 | 2011－02 | 48.00 | 85 |
| 数学中的美 | 2011－02 | 38.00 | 84 |
| 最新全国及各省市高考数学试卷解法研究及点拨评析 | 2009－02 | 38.00 | 41 |
| 高考数学的理论与实践 | 2009－08 | 38.00 | 53 |
| 中考数学专题总复习 | 2007－04 | 28.00 | 6 |
| 向量法巧解数学高考题 | 2009－08 | 28.00 | 54 |
| 新编中学数学解题方法全书(高考复习卷) | 2010－01 | 48.00 | 67 |
| 新编中学数学解题方法全书(高考真题卷) | 2010－01 | 38.00 | 62 |
| 新编中学数学解题方法全书(高考精华卷) | 2011－03 | 68.00 | 118 |
| 高考数学核心题型解题方法与技巧 | 2010－01 | 28.00 | 86 |
| 方程式论 | 2011－03 | 28.00 | 105 |
| 初级方程式论 | 2011－03 | 28.00 | 106 |
| Galois 理论 | 2011－03 | 18.00 | 107 |
| 代数方程的根式解及伽罗华理论 | 2011－03 | 28.00 | 108 |
| 线性偏微分方程 | 2011－03 | 18.00 | 110 |
| $N$ 体问题的周期解 | 2011－03 | 28.00 | 111 |
| 闵嗣鹤文集 | 2011－03 | 98.00 | 102 |
| 吴从炘数学活动三十年(1951～1980) | 2010－07 | 99.00 | 32 |

**联系地址：**哈尔滨市南岗区复华四道街 10 号哈尔滨工业大学出版社刘培杰数学工作室
**邮　　编：**150006
**联系电话：**0451－86281378　　13904613167
E-mail：lpj1378@yahoo.com.cn